구해줘, 글쓰기 05

1차시

가족의 해체인가,
다양화인가

가족이라고 하면 대개 부모와 자녀로 구성된 핵가족을 떠올리지만,

이런 형태의 가족은 절반에도 못 미친다.

한부모 가족, 재혼 가족, 노인부부 가족, 일인 가족, 동성애 가족 등 다양한 가족이 생겨나고 있다.

이러한 변화 속에서 가족의 개념을 어떻게 재정립해야 할지 생각해보자.

교과연계 중등 〈가정기술 2〉 I 건강한 가족관계, 01 변화하는 가족과 건강가정

다양한 형태의 새로운 가족들

가족이란 무엇일까? 새로울 것도 궁금할 것도 없는 이 물음이 점점 의미 있게 다가온다. 남자와 여자가 만나 사랑을 하고 결혼을 하고 자녀를 낳아 가족을 이루는 일이 심각한 위기를 맞게 되었다. 혼자 하는 여행은 기억이 되고, 함께 하는 여행은 추억이 된다는 말이 있듯, 함께 사는 삶의 따뜻함을 쉽게 포기할 수 없다. 다양한 형태로 함께 하길 선택한 새로운 가족들을 만나보자.

시누이와 올케, 아이를 입양하다

오빠 부부와 함께 살고 있던 A. 이들에게 청천벽력과 같은 슬픔이 덮쳤다. 오빠가 교통사고를 당해 갑자기 세상을 떠나게 됐다. 결혼 10년 차, 둘 사이에 아이는 없다. 피 한 방울 섞이지 않은 올케와 시누는 슬픔과 고통을 함께 나누며 한집에서 살아간다. 그렇게 몇 년의 세월이 흘렀고, 두 사람의 상처가 아물 무렵 둘은 아이를 입양하기로 결심, 새로 가족을 맞이해 함께 살아가게 됐다.

혼자서 키운다, 미혼모

미혼모 H씨는 지금 아홉 살짜리 아들과 둘이 살고 있다. 아이 아빠와 3년 연애하다 헤어졌는데, 그 후 임신 사실을 알게 됐다. 낙태할 결심으로 병원을 찾았지만, 초음파 사진 속 아이의 뛰는 심장을 보고 마음을 바꾼다. H씨가 일하던 첫 미용실에서는 원장의 배려 덕분에 아이를 키우며 직장을 다닐 수 있었지만 직장을 옮길 때마다 미혼모라는 소문이 퍼졌고, 인생을 어떻게 살았기에 아비 없는 아이를 낳았냐는 등 험한 말들이 퍼졌다.
이후 어렵지만 대출을 받아 미용실을 차려 나름대로 살아가던 중 미혼모를 주제로 한 공중파 방송에 출연했고, 그녀의 모습이 방송에 그대로 노출됐다. 그날 이후 온 동네에 미혼모라는 소문이 퍼졌고, 6개월 후 미용실은 망했다.

황혼의 사랑, 황혼의 동거 커플

배씨(70)와 박씨(65) 커플은 2002년 미팅에서 만나 3개월 만에 동거에 들어갔다. 첫눈에 반한 두 사람은 만나자마자 열애를 하다 두 달 정도 지나 양쪽 집 자녀들과 상견례를 했다. 자녀들은 두 사람의 결혼을 권했으나, 두 사람은 결혼 대신 5박6일 해외여행을 떠났다. 두 사람은 실버타운에서 함께 생활하고 있고, 명절 때는 두 가족이 찾아와 함께 식사를 한다.

게이 커플 승정과 정남, 그들의 15년 사랑

승정과 정남은 게이 커플이다. 처음 만나고 나서 1년, 2년 지나오다가 어느새 15년이 됐다. 만난 지 1년쯤 지나 살림을 합치고 가족이 됐다. 정남은 대학교 1학년 때 성 지향성 고민을 하느라 자신의 인생이 없는 것처럼 느꼈다고 했고, 승정은 군대에 가서 자신의 성 지향성을 알게 됐다고 한다. 승정은 매주 조계사를 방문해 종교활동을 하고, 정남은 한여름에 뙤약볕에서도 정성스레 채소를 가꾸며 취미생활을 하면서 일상을 살아가고 있다. 15년이면 제법 긴 세월로, 유명한 장수커플이다.

미국에 가서 대리모로 아이를 얻은 부부

B씨 부부는 아이를 갖고 싶었지만 자연적인 방법으로는 임신이 불가능했다. 그들은 고민 끝에 2016년 대리모를 통해 아이를 갖기로 마음먹었다. 하지만 한국에서는 대리모 출산이 불법이다. 할 수 없이 B씨 부부는 미국에서 딸을 출산했다. 두 사람의 수정란을 착상한 대리모가 2017년 3월 미국에서 딸을 낳았다. 하지만 이들에게 큰 문제가 생겼다. 친자 등록이 불가능한 것. 서울의 한 구청이 미국에서 낳은 아이의 출생신고를 거부했고, 이들은 소송을 냈다. 하지만 법원은 1심과 항고심에서 모두 "체외수정해 얻은 자녀는 낳아준 대리모가 친어머니"라고 판결했다.

평범한 비혼주의 동거커플

P씨는 비혼주의자다. 사회가 강요하는 결혼이 자신에게는 맞지 않는다고 생각했고, 다행히 자신과 비슷한 가치관을 가진 남자친구를 사귀게 됐다. 이렇게 저렇게 다투고 화해하며 살아가고 있던 이들에게 고민이 시작됐다. 어느 날 갑작스럽게 P씨는 맹장수술을 하게 됐다. 당연히 부모님이 오셨다. 실질적 가족관계가 아니니 남자친구가 수술 동의를 해줄 수 없었던 것. 이후 남자친구는 결혼을 제안했다. 프로포즈를 받은 비혼주의 P씨는 어떤 선택을 하게 될까?

대학 사제간에서 인생의 동반자로

김애경 교수와 박순경 교수는 함께 산 지 올해로 24년째가 됐다. 본래 대학의 사제지간이었는데 지금은 인생의 동반자로 함께 산다. 그냥 친해서 같이 사는 게 아닌, 물질적, 정서적으로 가족이다.

박교수에게 제자 김교수가 특별한 한 사람으로 느껴지기 시작한 것은 1978년 박교수가 다리를 다쳤을 때였다. 김교수는 헌신적으로 박교수를 돌보았다. 또 박교수가 국가보안법 위반으로 국가정보원에 붙잡혀 갔을 때 김교수는 석방운동을 벌였고, 석 달 만에 풀려났다. 박교수를 보호하기 위해 함께 살기 시작해 지금까지 동거생활이 계속되고 있다.

두 교수가 법적으로 가족이 될 방법이 마땅치 않다. 김교수의 호적을 정리해서 박교수를 어머니로 지정하는 것 외에는 방법이 없다. 하지만 김교수의 어머니가 살아계시고 그녀는 어머니를 사랑한다. 호적 정리를 할 수 없어서 법적 가족이 되길 포기했다. 두 교수는 서로의 재산에 대해 상속권을 주장할 수 없다. 만에 하나 박교수가 먼저 세상을 뜨고 박교수의 친척들이 나타나 재산권을 행사하면 대처할 방법이 없다.

가족의 해체인가, 다양화인가

01 가족에 대한 정의

역사가 시작된 순간부터 가족은 있어왔다. 하지만 시대에 따라, 각 사회와 문화에 따라 가족의 형태와 개념이 변화했다. 따라서 가족이란 무엇인지 일목요연하게 정의하기는 어렵다. 사전에서는 가족을 '부부와 같이 혼인으로 맺어지거나, 부모 자식과 같이 혈연으로 이루어진 집단, 또는 그 구성원'이라고 정의한다. 법률적으로는 '동일한 호적 내에 있는 친족'을 가족으로 인정한다. 보통은 '혈연'을 가족 구성의 가장 핵심적인 조건으로 꼽는다.

최근에는 가족사회학자 어니스트 버제스와 하베이 로크가 정의한 가족의 개념을 보편적으로 받아들이고 있다. '혼인, 혈연 또는 입양에 의해 결합된 집단으로 하나의 가구(家口)를 형성하고 남편과 아내, 아버지와 어머니, 아들과 딸, 형제와 자매라는 각각의 사회적 역할 속에서 상호 작용하며 의사소통하고 공통의 문화를 창조, 유지하는 집단.'

가족에 대한 위의 정의에서 눈에 띄는 대목은 가족의 구성요소로 혈연만이 아닌 '입양'도 포함한 점이다. 이는 가족 형태의 변화를 감안한 것으로 보인다. 이들은 현대가족의 변화를 "㉠제도적 가족에서 ㉡우애적 가족으로의 변화"라고 요약했다. 제도적 가족이란 우리에게 익숙한 전통가족이라고 볼 수 있다. 이때의 가족은 사랑(관계)보다는 제도를 유지(제사나 가문 등)하기 위해 존재하는 가족이다. 이에 비해 우애적 가족은 개인의 행복과 성장을 더 우위에 둔다.

02 정상가족? 1인 가구 전성시대

'가족'이라고 하면 일반적으로 결혼한 부부와 그들의 자녀로 구성된 생활공동체를 떠올린다. 이러한 가족 형태를 핵가족이라고도 하고, 표준가족, ⓒ정상가족이라고 부른다. 정상가족이란 말은 다른 형태의 가족을 비정상으로 치부하므로 올바른 용어가 아니다. 그럼에도 현실에서는 이러한 표준가족을 '정상'가족으로 인식한다. 그리고 국가는 이 표준가족을 중심으로 세금, 주거, 양육, 건강과 의료 등의 사회제도들을 구축한다.

하지만 사회적, 경제적 상황이 변화하면서 이와 같은 전통적인, 표준적인 가족이 큰 위기를 맞게 됐다. 급격한 노령화, 저출산, 비혼주의 증가, 도시화와 국제화는 한국뿐 아니라 세계적으로 빠른 속도로 가족 형태를 변화시키고 있다. 특히 1인 가구가 해마다 역대 최고치를 갈아치우며 급격히 증가하고 있다. 통계청에서 실시한 인구주택총조사를 보면, 2020년 1인 가구는 전체 가구의 31.7%로 전체 가구 가운데 가장 비중이 컸다. 1인 가구 전성시대가 오면서 가족에 대한 개념을 새로 정립하고, 사회 변화에 걸맞은 사회제도를 정비해야 할 때가 왔다.

03 한국, 가족 위기 심각하다

현재 우리나라는 가족 해체 위기가 심각한 상황이다. 가족 해체를 보여주는 대표적인 지표가 이혼율. 인구 1000명당 이혼 건수를 의미하는 조이혼율은 2017년 기준 2.1명이다. 1970년대 0.4명이던 것과 비교해보면 5배 증가했다. 경제협력개발기구(OECD) 34개 회원국 가운데 9위를 차지했고, 아시아 회원국 중에서는 1위다. 우리나라의 경우 기존 가족의 해체도 문제이지만 가족을 형성하는 것 자체가 위기라서 더 문제다. 인구 1000명당 혼인 건수를 나타내는 조혼인율을 보자. 1980년 10.6명에 달했지만 2016년에는 5.5명으로 50%나 감소했다. 혼인율이 낮아지면 당연히 출산율도 떨어진다. 합계출산율을 보자. 합계출산율은 여성이 가임기간에 낳을 것으로 예상되는 총 출생아 수를 나타내는데, 70

년대에는 4.53명이던 것이 2017년 기준 1.05명으로 떨어졌다. 무려 4분의 1이나 줄어든 것이다.

연애, 결혼, 출산을 포기했다는 '㉣3포세대'는 다른 의미에서 보면 우리나라 가족 형성의 위기를 가리키는 말이다. 가족 구조가 변화하고, 혼인율과 출생률이 떨어지고, 이혼율이 증가하는 것은 우리나라만의 현상은 아니다. OECD 회원국의 혼인율은 지난 40년간 한국과 마찬가지로 40% 줄었고 같은 기간 이혼율은 2배 가까이 높아졌다.

04 가족에 대한 개념을 달리 정립해야

가족이 사회를 구성하고 유지하는 가장 기초적인 집단이라고 보는 기능론자의 입장에서 보면 현재의 변화가 가족의 위기요, 해체로 보일 것이다. 하지만 한편에서는 이러한 견해에 반박한다. 결혼이나 출산을 중심으로 한 가족의 형태가 다양성에 기반을 둔 새로운 가족 형태로 자연스럽게 변화하고 있다는 것. 이들은 가족의 변화를 해체, 소멸이 아닌, 사회 상황에 맞춰 적합한 방식으로 변화하는 것이라고 이해한다. 따라서 현재 다양한 가족 형태가 등장하는 것은 사회 상황에 맞게 가족이 새롭게 구성되는 자연스러운 과정이라고 받아들인다.

또한 '정상가족' '전통가족'만을 강조하는 태도는 잘못이라는 비판도 있다. 전통적인 형태의 가족만 정상으로 볼 경우 다른 유형의 가족을 '비정상'이라는 편견의 시선으로 볼 수 있기 때문이다. 미국과 덴마크에서는 신생아의 절반 혹은 그 이상이 혼외출산을 통해서 태어난다. 이 통계로만 보면 미국과 덴마크의 가족 위기는 우리보다 훨씬 심각한 상황이다. 하지만 이들 국가에서는 가족의 위기라는 사회문제가 없다. 오히려 가족이 삶의 중심축에 견고하게 자리잡고 있다. 왜 그런 걸까?

답은 간단하다. 출산이 꼭 혼인 안에서만 이뤄져야 한다는 고정관념이 없기 때문이다. 미국과 덴마크는 변화된 가족 구조를 새로운 가족의 형태로 받아들이고 그 속에서 관계를 새롭게 정립해나가고 있다. 반면에 한국은 새로운 가족 구조를 편견의 시선으로 바라보기 때문에 이에 걸맞은 관계 정립이 제대로 이뤄지지 않고 있다. 가족에 대한 전통적인 가치관, 정상가족 이상론에서 벗어나야만 가족 위기에서 벗어날 수 있다.

다양한 형태의 가족을
인정해야 할까

 찬성 "가족의 다양성, 인정"

01 정상가족은 자연스러운 형태도, 보편적인 형태도 아니다

일반적으로 우리는 결혼한 부부와 둘 사이에서 태어난 자녀로 구성된 가족만을 자연스러운 가족 형태로 본다. 이렇게 구성된 핵가족을 보편적인 가족으로 받아들이고, 정상가족이라고 부른다. 하지만 우리가 간과하는 게 있다. 우리가 지금 정상가족, 핵가족이라고 부르는 이 보편적인 가족 형태 역시 사회적인 필요에 따라 만들어진 것이다. 고정된 불변의 것이 아니란 뜻이다.

지금은 핵가족을 가장 자연스러운 가족 형태로 받아들이지만 몇 세대 전만 해도 대가족이 전통적이고 일반적이며 정상적인 가족 형태였다. 당시에는 농업이 주요 산업이었으므로 노동력 확보를 위해서 대가족 제도가 필요했다. 그렇다면 더 오래전에는 어땠을까? 아주 먼 과거에는 모계 사회도 있었다. 이처럼 가족의 형태는 시대 상황에 따라 변모해왔다. '전통적인 가족형태란 무엇이다'라고 규정할 수 없다.

2020년 기준 서울의 가구구조 변화를 보면, 1인 가구 비율이 37.1%로 4인 가구를 제치고 가장 큰 비중을 차지했다. 우리가 정상가족이라고 여기는 부부와 미혼 자녀로 이루어진 가족의 수는 현격히 줄어들어 전체 우리나라 가구수 대비 절반에도 미치지 못한다. 정상가족, 표준가족은 자연스러운 형태도, 일반적인 형태도 아니다. 다양한 형태의 가족을 인정할 필요가 있다.

02 다양한 형태의 가족이 생겨나는 건 가족 위기가 아니라 변화다

부모로부터 독립해서 혼자 사는 젊은 세대, 결혼을 미루는 젊은층, 이혼 후 독신을 고수하는 사람들, 노인 단독 가구의 증가로 다양한 형태의 가족이 생겨나고 있다. 가족의 형태가 다양해지고 변화한다고 해서 이를 무작정 위기로 볼 수는 없다. 현대사회에 오면서 경제 사회 구조가 크게 변화했고, 그 결과 가치관 또한 변화하게 됐다. 개인주의, 자유주의 및 평등주의 사상이 유입되면서 전통적 가족을 구성하는 혈연 중심, 가족 중심의 철학이 흔들리는 것은 자연스러운 결과다. 대가족이 핵가족으로 변모해왔듯 혈연 중심의 전통적 가족 해체는 당연한 과정이라고 할 수 있다.

또한 점차 형식적인 결혼생활보다 개인의 행복과 삶의 질을 우선하는 사람이 늘고 있다. 이는 이혼율의 증가와 결혼율 감소로 이어질 수밖에 없다. 사회가 변하고, 사람들의 가치관이 변하고 그에 따라 가족에 대한 개념이 변화하는 것은 너무나 자연스러운 흐름이다. 그런데도 다양한 형태의 가족을 인정하지 못하고 이와 같은 새로운 변화를 가족 해체의 징후라고 판단하면서 과거의 가족 형태를 미화하거나 이상화하는 것은 어리석은 일이다.

과거의 농경사회, 이를 떠받치던 전통적인 가족이 조화롭고 안정적이었다고 믿는 것은 어떤 의미에서는 신화에 불과하다. 가족사 연구를 보면 가족의 황금시대는 없었다. 가족 형태의 변화가 사회 혼란을 초래한다는 주장은 근거도 없을 뿐만 아니라 올바른 현실 인식도 아니다.

03 전통적인 가족, 정상가족에 대한 미화와 신화는 사라져야

현대사회로 오면서 전통적인 가족제도가 사회적 힘을 잃고 있다. 가족 구성원의 행동에 별다른 영향력을 행사하지 못하고, 자녀의 사회화 기능 및 정서적 기능 또한 제대로 담당하지 못하고 있다. 전통적인 가족제도가 심각한 위기에 처해 있는데 이는 전통적인 가족 개념이 흐트러져서가 아니다. 사회·경제적 상황의 변화 때문이다. 그런데도 한쪽에서는 이를 정상가족의 복원으로 풀어야 한다고 주장한다. '정상가족'이란, 가족은 이러이러해야 한다는 규범이고, 이 규범에 속하지 못할 경우 비정상, 결손 상태로 인식하게 만든다. 부부와 자녀로 구성된 가족이 '정상가족'이라면, 현재 우리 사회의 절반 이상은 '비정상적인' 가족이다.

대안가족을 이루며 살아가는 사람들은 전통적인 가족만 인정하는 사회적 편견 때문에 큰 고통을 겪고 있다. 제도적 보호는커녕 갖가지 사회적 편견에 맞서 싸워야 하는 이중고를 겪는다. 따라서 편부모 가족과 동거 부부 및 동성애 부부 같은 다양한 가족 형태를 대안가족으로 인정함으로써 가족의 위기를 극복해야 한다. 전통가족, 정상가족에 대한 미화와 신화를 걷어내고 다양한 형태의 가족들을 '틀린' 것이 아니라 '다른' 것으로 받아들여야 한다.

 반대 "다양한 가족, 혼란 초래"

01 일부일처를 기반으로 한 가족제도, 가장 자연스럽고 도덕적이다

하나의 생명이 탄생하기 위해서는 남녀의 결합이 필수적이듯, 양육을 위해서도 탄생에 관여한 두 사람이 힘을 합쳐야 한다. 일부일처제를 근간으로 결혼을 하고, 이 결혼을 통해 자녀를 출산한다. 당연히 부부 공동의 노력으로 자녀를 양육한다. 우리가 '정상가족'이라고 말하는 이 가족제도가 없다면 과연 인류는 지금까지 존속할 수 있었을까? 이렇게 부부와 자녀로 구성된 가족이 가장 자연스럽고 보편적이라는 사실을 쉽게 부정할 수 없다. 인류는 그래서 '결혼'이라는 제도를 만들었고, '가족제도'를 발전시켜 왔다. 많은 인류학자들이, 한 사람의 남편과 한 사람의 부인, 그리고 그들의 자녀라는 가족양식이 가장 일반적이고, 가장 자연스러운 것임을 입증해냈다. 물론 어떤 역사 시기에는 한 명이 여러 명의 배우자를 맞거나, 출산을 목적으로 남녀가 결합하고 주거는 따로 하는 등의 가족 형태가 있긴 했지만 현대 문명사회로 오면서 자연 도태되었다.

일부일처를 기반으로 한 가족제도의 장점은 너무나 많다. 성(性)의 문란을 막고 가족에 대한 책임을 자각하게 함으로써 사회 유지를 원활하게 만들어 인류를 발전시킨다. 오늘날 이혼으로 인한 가족 해체가 늘어났지만 그렇다고 해서 정해진 배우자와 자녀가 이룬 공동체가 인류 역사를 통틀어 가장 자연스럽고 가장 도덕적으로 완성된 가족 형태라는 변함없는 사실을 흔들지는 못한다.

02 다양한 형태의 가족 출현은 가족 위기의 단적인 예

최근의 ㉤가족 해체 현상은 사회 전반적으로 심각한 위기를 불러올 수 있다. 가족을 구성하는 첫 단계인 결혼을 기피하는 현상이 늘고 있고, 결혼해도 출산은 기피하는가 하면, 이혼도 쉽게 한다. 하지만 우리가 유념해야 할 게 있다. 이혼가정의 자녀가 정상가족의 자녀에 비해 경제적, 정서적 빈곤에 노출될 가능성이 크며, 이것이 고스란히 사회 문제로 이어질 수 있다는 사실이다. 또 비혼 상태로 동거 중 아이를 낳거나, 어머니나 아버지가 다른 자녀들이 늘고 있다. 이는 자녀에 대한 책임 방기로 이어질 수 있다. 실제 동거부부, 재혼가정에서 아동학대 사례가 많다.

자녀가 부모와 함께 사는 것은 너무나 자연스럽고도 당연한 일이다. 부모가 자식을 끝까지 책임지려면 법의 보호 아래 온전한 가족 형태를 이루며 사는 것이 최선책이다. 또 정상가족이 해체되면서 저출산 문제가 심각해져 사회구성원 공급에 차질을 빚고 있다. 가족은 사회를 구성하는 기본 단위이다. 따라서 가족 형태에 변화가 생기면 사회 질서가 흐트러지고 사회 혼란이 초래될 수밖에 없다. 가족의 해체는 가족 문제에 국한된 것이 아니며 심각한 사회문제로 이어질 수 있으므로, 가족의 가치를 소중히 여겨 과거와 같은 전통적인 가족을 회복시켜야 한다.

03 정상가족을 지키려는 사회적 공감대를 다져야

정상가족 모델은 여전히 바람직한 모델이며, 결코 신화가 아니다. 만일 표현상의 문제가 있다면 정상가족 대신 '표준가족'이라는 말로 바꾸면 된다. 전통적인 가족 형태가 존재해야 한다고 주장하는 이유는 다른 형태의 가족을 억압하기 위해서가 아니다. 정상가족이라는 모델이 없을 경우 발생할 가족 해체를 방지하기 위한 것이다. 예를 들어 불가피한 경우 이혼할 수도 있고 그 결과 대안가족이 생겨나겠지만, 이는 어디까지나 예외적인 경우로 두어야 그런 일이 일어나지 않게 조심하게 된다. 한 사회가 정상적으로 유지되기 위해서는 도덕규범이 필요하듯, 가족의 정의에도 일종의 규범이 필요하다.

또한 현대 사회에서 발생하는 여러가지 문제들은 전통적인 개념의 가족을 통해서만 치유할 수 있다. 현대인들은 이익을 중심으로 관계를 맺고 있다. 그래서 사람들이 고독감과 외로움을 느끼게 된다. 필요에 의해 관계가 이뤄지고 필요 없어지면 끝나는 관계는 사람들을 공허하게 만든다. 혈연으로 맺어진 가족이 주는 따뜻한 온기야말로 현대인의 마음을 치유할 수 있다. 지금이라도 가족의 중요성을 일깨우고 가정을 지키는 것이 무엇보다 소중하다는 사회적 공감대를 다져야 한다. 그래야 가족 해체로부터 빚어지는 사회적 불행을 최소화할 수 있다.

제시글을 읽고, 질문에 답하며 내용을 파악해봅시다.

(1) ㉠과 ㉡이 제시하는 가족의 모습이 가진 차이점은 무엇인가요?

(2) 가족사회학자 어니스트 버제스와 하베이 로크가 정의한 가족의 개념을 설명한 내용
입니다. 빈칸에 알맞은 단어를 찾아 넣어보세요.

> 혼인, 혈연 또는 (   )에 의해 결합된 집단으로 하나의 가구를 형성하고 남편과 아내, 아버지
> 와 어머니, 아들과 딸, 형제와 자매라는 각각의 사회적 역할 속에서 상호 작용하며 의사소통하고 공
> 통의 (   )를 창조, 유지하는 집단.

(3) 현대사회에서 'ⓒ정상가족'의 의미가 퇴색된 이유는 무엇인가요?

----

(4) 현재 우리나라의 가족이 해체 위기를 심각하게 겪고 있다고 보는 대표적인 지표는
무엇인가요?

----

(5) ⓔ이 의미하는 바는 무엇인지 빈칸을 채우며 구체적으로 알아봅시다.

( ), ( ), ( )을 포기했다는 표현으로 다른 의미에서 보면 우리나라 가족 형성
의 위기를 가리키는 말이기도 하다. 가족 구조가 변화하고, 혼인율과 ( )이 떨어지고, 이혼
율이 증가하는 것을 의미한다.

----

(6) 가족이 사회를 구성 및 유지하는 가장 기초적인 집단이라고 보는 기능론자의 입장에서 '㉢가족 해체 현상'이 초래하는 문제는 무엇인가요?

- -

- -

- -

(7) 가족 형태의 변화가 '해체'가 아닌 '새로운' 형태의 변화라는 측면으로 볼 때, 전통 가족만을 강조하는 태도는 어떤 문제가 있는 걸까요?

- -

- -

- -

(8) '다양한 형태의 가족을 인정해야 할까'를 논점으로 삼아 이에 대한 찬성과 반대의 근거를 정리해보세요. 이 근거를 참고하여 자신의 견해를 밝혀봅시다.

- -

- -

- -

- -

memo

거침없이
쓰기

도전, 짧은 글쓰기!

한국사회의 '가족 위기'란 어떤 변화를 일컫는 것인지 정리하고, 다양한 형태의 가족을 인정해야 할까'라는 논점으로 찬성과 반대의 근거를 살펴봅시다. 그리고, 근거를 바탕으로 자신의 의견을 밝혀봅시다.

든든하게
어휘다지기

다음 빈칸에 알맞은 말을 〈보기〉에서 찾아 적어봅시다.

| 보기 | 소멸 | 존속 | 도태 | 방기 | 보편적 | 고수 | 수반 |

(1) 우리는 치열한 경쟁 사회에서 (   )되지 않도록 열심히 살아야 한다.

(2) 그들의 요구에 순응하는 것은 예술가로서의 직분과 책무를 (   )하는 셈이다.

(3) 사회 구성원 간의 갈등은 어느 사회에나 존재하는 (   )인 현상이다.

(4) 김검사는 자신의 생각에 대한 강경한 태도를 (   )한다.

(5) 경제의 고도성장에 (   )하는 물가 상승을 염두에 두어야 한다.

(6) 출산은 인류의 (   )을 위한 가장 기본적인 사회적 조건이다.

(7) 인터넷의 발달로 인해 종이 신문은 (   )의 길을 걷게 되었다.

위에서 익힌 어휘 중 3개를 골라서 한 문장씩 만들어 봅시다.

(1)

(2)

(3)

memo

2차시

코로나19, 사회적 불평등 심화시키다

코로나19 확산으로 전 세계가 사회경제적 위기에 직면했다.

코로나19가 모든 사람에게 동일하게 피해를 입히는 것 같지만, 실상은 그렇지 않다.

사회 취약계층에 피해가 집중되면서 사회적 불평등을 심화시키고 있다는 분석이다.

코로나 시대에 사회 취약계층이 어떤 위험에 직면하는지 살펴보자.

코로나19,
사회적 불평등 심화시키다

전 세계가 코로나19 확산으로 심각한 타격을 입었다. 2020년 7월 6일 코로나19로 인한 세계 사망자 수는 53만 명을 넘어섰다. 특히 사회경제적 지위가 낮은 사람일수록 사망 위험이 더 높은 것으로 밝혀졌다. 사회 취약계층의 거주지는 의료시설을 제대로 갖추지 못한 탓에 바이러스 확산도 쉽고, 코로나19에 감염돼도 제때 치료를 받기 어렵기 때문이다. 또한 이들은 대개 재택근무가 어려운 육체노동자라 감염 위험을 무릅쓰고 일을 해야 하므로 코로나 전파 위험이 더 높다. 영국 공중보건국에 따르면 육체노동자는 전문직보다 코로나19로 인한 사망률이 4배나 높은 것으로 나타났다.

빈부격차가 큰 국가들의 코로나 피해가 더 큰 것도 취약계층이 타격을 더 많이 입는다는 사실을 방증한다. 지니계수가 높은 미국(0.39), 브라질(0.53), 멕시코(0.45) 세 국가의 코로나19 사망자를 합하면 약 22만여 명으로, 세계 코로나19 사망자의 42%에 달한다. 한국에서도 소득분위 최하위인 의료급여 수급자가 코로나로 사망할 위험이 건강보험료 상위 20% 가입자보다 2.8배 크다는 연구 결과가 나왔다. 의료급여 수급자는 기저질환을 앓는 경우가 많은데, 이 상태에서 코로나19에 감염되면 사망 위험이 급격히 높아지기 때문이다.

지니계수 : 사회 빈부격차 정도를 나타내는 수치. 0부터 1까지의 수치로 표현되는데, 0에 가까울수록 평등하고 1에 근접할수록 불평등하다. 지니계수 값이 0.4 이상이면 불평등한 사회로 이해된다. 한국의 지니계수는 0.33이다.(2020년 기준)

기저질환 : 어떤 질병의 원인이나 밑바탕이 되는 질환을 뜻하는 의학 용어로, 흔히 '지병'이라고 한다.

㉠사회 취약계층은 코로나19로 감염·사망 등 생명을 위협하는 1차 피해를 입을 뿐 아니라 실직 등 생계에 지장을 주는 2차 피해까지 받고 있다. 한국 통계청이 발표한 2020년 1분기 가계동향조사 결과에 따르면, 소득 하위 20% 가구의 수입은 2019년 같은 기간보다 3.3% 감소했다. 이들 가정은 일용직에 종사하는 경우가 많은데 코로나19로 고용시장이 얼어붙으며 실직한 경우가 많기 때문이다. 실제로 2020년 1분기에는 임시 일용직 일자리 26만 9000여 개가 사라진 것으로 조사됐다.

　해외에서도 사회 취약계층의 실직 문제가 불거지고 있다. 코로나19가 폭발적으로 확산하던 2020년 3월 국제노동기구는 전 세계 노동자 33억 명 중 81%인 26억 4000만 명이 코로나19 여파로 해고되거나 단축 근무를 하게 될 위험에 처했다고 분석했다. 특히 열악한 일자리에 종사하는 경우가 많은 여성, 장애인, 이주민 노동자가 대거 실직할 것으로 예측했다. 코로나19로 인한 피해가 사회 취약계층에게 집중되며, 포스트 코로나 시대에는 부의 불평등이 더욱 심화되리라는 분석이 나온다.

뉴스 더보기

01 코로나 피해 호화 벙커로 피신하는 부자들, 물 부족으로 신음하는 빈민층

　㉡코로나19로 인한 사회 계층 격차가 심각하게 벌어지고 있다. 부자들은 바이러스를 피해 외딴 섬에서 휴양을 즐기거나 바이러스 피신용 벙커를 제작하는데, 세계 빈민층은 물 부족과 식량 문제에 시달리는 상황이다.

　미국 블룸버그 뉴스는 실리콘밸리 인구 상당수가 개인용 제트기를 이용해 코로나로부터 안전한 국가나 휴양지로 향했다고 알렸다. 또한 미국 CNBC는 벙커와 방공호를 만드는 회사의 매출이 2019년 동일 기간 대비 4배 증가했다고 전했다. 코로나19를 피하려는 부자들의 제작 의뢰가 늘어난 탓이다. 수영장 시설 등을 갖춘 호화 벙커 제작비는 최소 15만 달러

약 1억 8400만 원에 달한다.

　반면 개발도상국의 취약계층은 생존을 위협받는 처지에 몰렸다. 세계은행은 2019년 8.2%였던 세계 빈곤율이 2020년 8.6%로 오를 것으로 내다봤다. 코로나19에 제대로 대응하지 못한 개발도상국이 심각한 피해를 입었기 때문인데, 세계은행이 빈곤율 상향을 예측한 것은 22년 만에 처음이다.

　남아프리카 공화국과 나이지리아 등 일부 국가에서는 상수도 시설이 마비돼 주민들이 물 부족으로 신음하는 일이 벌어졌다. 인도에서는 3월부터 시작된 도시 봉쇄 조치로 인해, 대도시에서 근무하던 일용직 노동자들이 교통편을 구하지 못하고 걸어서 귀향하다 숨지는 사례가 잇달았다. 국제구호단체인 옥스팜은 코로나19로 농업과 국제구호물자 수송이 어려워지며 전 세계에서 하루에 1만 2000명에 달하는 아사자가 나올 수도 있다고 예측했다.

02 코로나19 사망자, 비백인 인종에 집중

　다양한 인종이 어울려 살아가는 국가의 경우에도 인종별로 코로나19 사망률이 다른 데, 비백인 인종의 사망률이 높은 것으로 분석됐다. 영국 공중보건국의 발표에 따르면 흑인 남성이 코로나19로 사망할 확률은 백인 남성의 4.2배, 흑인 여성은 백인 여성 대비 4.3배에 달했다.

　미국의 상황도 마찬가지다. 미국질병통제예방센터는 흑인의 사망 확률이 백인에 비해 약 4배 높으며, 히스패닉과 라틴계 인종은 3배 이상 높다고 발표했다. 비백인 인종은 사망 위험에 처해도 적절한 의료 조치를 받지 못하는 것으로 드러났다. 미국 루이지애나주의 코로나19 환자 중 70%는 아프리카계 미국인과 라틴계지만, 집중치료시설에서 이들이 차지하는 비중은 30%에 불과한 것으로 나타났다.

세계 빈곤율 : 전체 인구 중 하루 1.9달러 미만으로 살아가는 인구 비율

03 한국의 고용불안정을 불러온 코로나19

코로나는 한국의 실직률을 높였다. 김승섭 고려대 보건과학대교수는 "코로나19 위기는 IMF에 비견할 수 있고, 특히 비정규직에게 심각한 경제적 타격을 입히고 있다"고 언급했다. 1997년 12월 IMF 사태가 발생한 이래 3개월간 근로자 103만 명이 실직한 것으로 파악된다. 그런데 코로나19 확산이 시작된 2020년 2월부터, 3개월간 근로자 수가 87만 명 감소하며 비슷한 양상이 나타났다. 정부 통계를 보면 연령대로는 60대 이상이, 남성보다는 여성이, 임시 일용직이 많이 해고됐다고 한다. 또한 비정규직 종사자는 정규직보다 6~10배 이상 더 많이 실직한 것으로 파악된다.

04 취업시장 얼어붙으며 지역 불균형도 심화돼

코로나19 확산으로 인해 ㉢한국의 지역 불균형이 더욱 심해지고 있다는 분석이 나왔다. 고용시장이 얼어붙으며 지방에 거주하는 청년들이 취업을 위해 수도권 지역으로 대거 이동했기 때문이다. 한국고용정보원이 발표한 '포스트코로나19와 지역의 기회' 보고서에 따르면, 2020년 3~4월 수도권 유입 인구는 2019년 같은 기간(1만 2800명)과 비교했을 때 두 배가량 증가한 2만 7500명으로 집계됐다. 또한 3~4월의 수도권 유입 인구는 2020년 1~2월 수치(2만 8200명)와 유사한 규모였다. 원래 1~2월에는 입학과 취업 등을 대비하기 위해 수도권 유입 인구가 크게 늘었다가, 3월 이후로는 감소한다. 그러나 2020년에는 수도권으로 이전해 오는 인구가 줄어들지 않은 것이다. 유입 인구의 4명 중 3명은 20대로 나타났다.

이상호 한국고용정보원 지역일자리지원 팀장은 "불황기에는 상대적으로 고용 상황이 덜 나쁜 수도권으로 인구 이동이 증가한다"고 설명했다. 청년들이 지방을 떠나며 수도권과 비수도권 간 사회경제적 격차가 더욱 커질 전망이다. 고른 지역 발전을 위해, 지역별 맞춤형 위기 대응 체계가 하루빨리 수립돼야 한다. 〈유레카〉 시사읽기 441호 2020년 8월

코로나 19 이후,
미국의 아시안 혐오범죄 급증

코로나19 이후 아시안 혐오 늘고, 무차별 폭력으로 이어져

2021년 3월 16일 미국 애틀랜타에서 충격적인 총격 사건이 발생했다. 용의자 로버트 에런 롱이 아시안이 운영하는 마사지 업소 3곳에 들어가 총 8명을 살해한 것. 피해자 중 6명은 아시아계 여성이다. 로버트 애런 롱은 무차별 난사가 아니라 피해자들을 정확히 조준해 범행을 저질렀으며, "아시안을 다 죽이겠다"고 말한 사실이 알려져 파장이 일었다.

근래 미국에서 아시안 혐오 범죄가 끊임없이 발생하고 있다. 2021년 1월에는 샌프란시스코에서 산책하던 84세 아시아계 남성이 구타당해 숨지는 일이 벌어졌다. 2월 16일엔 빵집 앞을 걷던 52세 아시아계 여성이 갑자기 행인에게 공격받아 병원으로 실려갔다. 같은 날 뉴욕의 지하철역에서 68세와 71세 아시아계 여성 두 명이 얼굴을 가격당했다.

아시안을 대상으로 한 폭력 사건이 코로나19가 유행한 2020년 이래 급증했다는 연구 결과가 속속 나오고 있다. 트럼프 전 대통령은 코로나19를 '중국 바이러스' '쿵푸 바이러스' 등으로 불렀는데, 미국 브루킹스연구소는 코로나19를 아시아계와 연관 지은 이런 발언들이 혐오 범죄를 부추겼다고 분석했다. 미국 ABC방송은 트럼프 전 대통령의 발언 이후 소셜미디어에서 '중국 바이러스' 해시태그 사용 수가 83배 늘었다고 보도했다. 샌프란시스코 대학 연구팀은 '중국 바이러스' 해시태그가 붙은 게시물 중 절반 이상이 아시아 혐오 정서를 포함했다고 밝혔다. 총격 사건의 용의자 로버트 애런 롱 역시 중국이 일부러 코로나19를 퍼뜨렸다는 주장을 페이스북에 올렸던 것으로 확인됐다. 관련 연구를 진행한 존 브라운

스타인 박사는 "증오 메시지는 온라인에서 끝나지 않고 현실에서 증오를 표출하는 결과를 낳을 수 있다"고 경고했다.

미국 비영리단체 '증오 및 극단주의 연구센터'는 2020년 미국 16개 대도시에서 발생한 전체 인종차별 범죄는 2019년보다 7% 감소했지만, 아시아계를 겨냥한 증오범죄는 도리어 149% 증가했다고 밝혔다. 특히 한인이 많이 거주하는 캘리포니아주 오렌지카운티의 경우 증가세가 1200%까지 치솟았다. 2020년 3월부터 2021년 3월까지 미국에서 신고된 아시아계 혐오 범죄는 3800건이 넘는다. 아시안아메리칸정의진흥협회(AAAJ) 존 양 전무이사는 "코로나19에 대한 무지와 잘못된 정보가 아시아계를 향한 무차별적 공격으로 이어졌다"고 언급했다.

수면 아래 감춰져 있던 미국의 아시안 혐오 정서

한편 미국의 인종차별 전문가들은 코로나19가 아시안 혐오를 발생시킨 근본 원인은 아니라고 분석한다. 코로나19는 혐오 정서를 폭발시키는 방아쇠 역할을 한 것으로 이미 미국 사회에 아시안 혐오 의식은 널리 퍼져 있다는 설명이다.

여러 인종 중 아시아계는 미국 인구의 6%에 불과해 주류집단인 백인(60%)을 비롯해 흑인과 히스패닉(각각 13.5%, 18.5%)보다 정치적 발언권이 약하고 이방인으로 취급받는 일이 잦다. 또한 아시안 혐오 범죄는 나치나 KKK 구호로 식별되는 유대인·흑인 혐오 범죄와는 달리 입증이 어렵다. '아시안을 겨냥했다'고 볼만한 특별한 상징이 없기 때문이다. 따라서 아시안 혐오는 미국 사회에서 제대로 논의조차 이뤄지지 않고 있는 상황이다. 2021년 하루 10건가량 아시안 혐오 신고가 들어온 뉴욕시에서 3월까지 아시안 혐오 범죄로 인정받은 사례는 한 건에 그쳤다.

이번 애틀랜타 총격 사건의 경우 수사를 맡은 조지아주 경찰은 범행 동기를 용의자가 주

KKK : 'Ku Klux Klan'의 줄임말. 그리스어로 '가족 모임'을 뜻한다. 1866년 발족한 백인우월주의 단체이며 흑인을 대상으로 각종 폭력 행위를 저질렀다.

장한 "(성 중독) 유혹을 없애려 범행"한 것으로 발표했다. 인종차별 가능성을 인정하지 않은 것. 이에 대해 미국 브루킹스연구소의 레이션 레이 연구원은 용의자가 아시아인이 운영하는 마사지 업소만 골랐다며 "범인은 인종차별주의자 겸 성차별주의자"라고 규정했다.

　미국 사회에서 아시안 혐오 문제가 불거져 나오자, 백악관은 3월 30일 아시안 혐오 범죄에 대응하기 위한 태스크포스를 신설하겠다고 밝혔다. 바이든 대통령은 "우리를 미국인으로 뭉치게 하는 핵심 가치와 신념이 있다. 그중 하나가 혐오와 인종차별에 맞서 결속하는 것"이라 말했다. 뿐만 아니라 바이든은 혐오 범죄를 저지르지 않아도 침묵 또한 공모라고 못박았다.

뉴스 더보기

01 미국의 아시안을 속박하는 프레임, '모범적 소수자'

　미국 내에서 아시안은 '모범적 소수자'라는 고정관념을 가지고 있다. 모범적 소수자란 사회적 물의를 일으키지 않고 학업에 집중해 고소득 전문직에 종사하는 미국 아시안의 전형을 말한다. 이처럼 아시안은 모두 잘 살고 있다는 통념이 있어 이들이 겪는 인종차별이 오히려 드러나지 않고 있다. 사회 지도층(주로 백인) 사이에서는 다음과 같은 논리가 지배적이다. '아시안들은 성공해서 어떤 불만도 말할 이유가 없다'는 것. 따라서 이들은 아시안 인종차별에 항의해도 제대로 들으려고 하지 않는다. 미국의 아시안 중 4분의 1은 저소득층인데도, 모범적 소수자 이론에 가려 적절한 도움조차 못 받고 있는 실정이다.

　한편 모범적 소수자 이론은 아시안과 흑인, 히스패닉 등 미국 내 소수집단의 연대를 방해한다. 백인 지배층이 "똑같은 인종차별을 경험하는 아시아인들은 성실한 노동의 대가로 아메리칸 드림을 이뤄내는데, 왜 당신들은(흑인들은) 못하나?"라는 식으로 모범적 소수자 이론을 인종차별을 정당화하는 데 쓰기도 한다.

02 21세기 황화론? 아시안 혐오로 물든 서구 사회

코로나19 대유행을 기점으로 미국뿐 아니라 서구 사회 전반에서 아시안 혐오 현상이 심해졌다는 통계가 나왔다. 영국 언론 가디언은 2020년 아시안 거주지를 표적 삼은 혐오 범죄가 2019년 대비 21% 증가했다고 밝혔다. 캐나다의 밴쿠버 뉴스는 2020년 9월까지 접수된 밴쿠버의 아시안 혐오 사례가 88건으로, 2019년 동기간 접수된 9건에 비해 10배가량 늘었다고 보도했다. 호주에서도 2020년 중국계 아시안 1040명을 설문조사한 결과 차별 대우를 당한 적이 있다는 응답률이 37%에 달했으며, 특히 물리적 위협을 받은 경우가 18%에 이르는 것으로 나타나 충격을 주었다.

아시아태평양정책기획위원회(APPPI)의 만주샤 쿨카르니 사무국장은 이러한 사태를 '21세기판 황화론'으로 비유한다. 황화론에서 아시안을 불결하고 부도덕한 대상으로 낙인찍었던 것처럼, 현재 아시안은 코로나19와 엮어 질병의 원흉으로 묘사돼 차별받는다는 것이다. 실제로 프랑스의 신문사 쿠리에 피카르는 코로나19 관련 사설에 '새로운 황화?(Nouveau péril jaune?)'라는 직설적인 제목을 달며 뿌리 깊은 서구의 반(反)아시안 정서를 드러냈다. 〈유레카〉 시사읽기 450호 2021년 5월

황화론 : 1895년 독일의 황제 빌헬름 2세가 내세운 황인종(아시안) 억압론. 빌헬름 2세는 장차 동양 문명이 서구 문명에 위협이 된다고 판단해 황인종이 백인종보다 불결하고 열등하다고 주장함으로써 불안을 해소하려 했다.

memo

냉철하게
분석하기

제시글을 읽고, 빈칸에 알맞은 단어를 찾아 넣거나 짧은 문장으로 답하며
내용을 파악해봅시다.

(1) 코로나19 확산으로 인한 심각한 타격은 사회경제적 지위가 (   ) 사람일수록 사망
할 위험이 더욱 (   )지는 것으로 밝혀졌다. 따라서, 포스트 코로나 시대에는 부의
(   )이 더욱 심화되리라는 분석이 나오고 있다.

(2) (1)번과 같은 현상이 발생하는 이유는 무엇인가요?

(3) ㉠과 같은 일이 나타나는 이유는 무엇인가요?

(4) ⓛ의 양상은 어떤 모습으로 드러나고 있나요?

----

(5) 미국의 경우 코로나19 사망자 중 흑인의 비율이 백인에 비해 약 4배가량 높은 이유는
　　무엇인가요?

----

(6) 코로나19는 한국의 고용시장에 어떤 영향을 끼쳤나요?

----

(7) ⓒ의 원인은 무엇인가요?

（8）코로나19 이후 미국에서 아시안 혐오가 늘고, 이것이 무차별 폭력으로 이어지는 이유는 무엇인가요?

（9）다음의 빈칸에 공통으로 들어갈 단어를 찾아 적어보세요.

> 미국 내 아시안 혐오 현상은 (   )라는 아시안에 대한 고정관념 때문에 지속된다는 분석이 있다.
> (   )란 사회적 물의를 일으키지 않고 학업에 집중해 고소득 전문직에 종사하는 미국 아시안의
> 전형을 가리킨다. 한편 (   ) 이론은 아시안과 흑인, 히스패닉 등 미국 내 소수집단이 서로 연대
> 하지 못하게 만드는 방해물이 되기도 한다는 한계를 드러낸다.

도전, 짧은 글쓰기!

코로나19 대유행으로 인해 드러난 사회 현상을 일목요연하게 정리하고, 앞으로 이를 극복하기 위해 어떤 노력을 기울여야 하는지 여러분의 의견을 제시해주세요.

든든하게
어휘다지기

다음 빈칸에 알맞은 말을 〈보기〉에서 찾아 적어봅시다.

보기
타격　반증　유달리　불거지다　봉쇄하다　불과하다　대거
혐오　불황기　표출하다　무지　암묵적인　공모　전형　원흉

(1) 해어진 양말 밖으로 발가락이 (　　　　　) .

(2) 성문을 (　　　　)하고, 사람들의 출입을 금지하였다.

(3) 국회 의원 중 여성의 비중은 0.5퍼센트에 (　　　　).

(4) 자신의 감정을 아무런 여과 없이 밖으로 (　　　　)하는 것은 바람직하지 않다.

(5) 진섭이 (　　　　) 그 만년필을 아끼는 이유는 따로 있었다.

(6) 그는 자신에게 더 많은 돈을 상납하라고 (　　　　)인 협박을 가했다.

(7) 이런 (　　　　)에 현명한 소비 전략은 아껴 쓰고 나눠 쓰고 바꿔 쓰고 다시 쓰는
일밖에 없다.

(8) 당국은 계곡에서 취사하는 것이 하천 오염의 (　　　　)이라고 판단하였다.

(9) 하회는 '작은 안동'이라고 해야 할 정도로 안동 문화의 한 (　　　　)을 보여준다.

(10) 그것은 실로 가난과 (　　　　　　)가 낳은 비극이었다.

(11) 그의 승진은 더 이상 학력이 인사에서 걸림돌이 되지 않는다는 (　　　　　　)입니다.

(12) 그 음악원은 그동안 우수한 연주가들을 (　　　　　　) 배출한 것으로 유명하다.

(13) 현재 검찰은 김 회장이 정치권과 (　　　　　　)를 했는지 여부에 대해서 조사 중이다.

(14) 아버지는 거듭되는 사업의 실패로 큰 (　　　　　　)을 받으셨다.

(15) 힐끔 나를 보는 그 표정엔 무슨 징그러운 동물을 보는 듯한 (　　　　　　)가 있었다.

<u>위에서 익힌 어휘 중 3개를 골라서 한 문장씩 만들어 봅시다.</u>

(1)

(2)

(3)

세계를 들썩인 전염병들

인류를 두려움에 떨게 만들었던 전염병들을 시간 순서대로 살펴보자.
그중에서도 1900년대 후반부터는 '동물'이 매개한 전염병이 많다.

BC 430년 | 아테네 역병(장티푸스)

에티오피아에서 시작해 이집트와 리비아에 퍼지고, 아테네로 피해가 이어졌다. 5년 동안 아테네 인구의 4분의 1이 죽고 병력의 3분의 1이 사망해, 스파르타와의 전쟁에서 패하는 결정적인 근거가 된다. 고열, 염증, 궤양, 재채기, 기침, 구토, 설사 등 증세를 동반하고, 시력을 잃거나 기억상실증에 걸리기도 한다. 2006년 아테네대학이 발굴한 무덤의 시체에서 장티푸스균을 발견했다.

165~180년 | 안토니누스 역병(천연두)

중동지방에서 전쟁을 하고 돌아온 로마 군인들이 귀국하며 이탈리아 전역에 퍼졌다. 15년 동안 500만 명이 죽었다. 천연두로 추정되며, 안토니누스 황제가 이 병으로 사망했다.

541~750년 | 유스티아누스 전염병(페스트) : 쥐

이집트에서 시작해 콘스탄티노플까지 전염되었다. 이 시기 동안 유럽의 인구가 50% 이상 감소했다. 선페스트(1차 페스트)로 알려져 있으며, 동로마 제국의 확장에 걸림돌이 되었다.

1346~1352년 | 흑사병(페스트) : 쥐

유럽을 공포에 몰아넣은 악명 높은 전염병이다. 처음 4년 동안 유럽 총인구의 30~60% 가량이 줄었고, 몇몇 지역은 인구 80%가 죽음에 이르렀다. 유럽에서만 최소 7500만~최대 2억여 명이 죽었다. 흑사병은 페스트균을 보균한 쥐를 벼룩이 물고, 그 벼룩이 사람을 물어서 옮긴다. 당시 유럽에서는 외국인이나 부랑자, 한센병 환자 등이 흑사병의 원인으로 몰려 학살당하는 일이 벌어졌다. 중앙아시아(중국, 몽골)에서 전파된 것으로 보이며, 비슷한 시기 중국 인구의 30% 정도가 흑사병으로 죽음에 이르렀다. 지금까지도 곳곳에서 이따금씩 발병하고 있다.

1520~1977년 | 천연두

1520년 에스파냐인들이 신대륙에 도착해 천연두를 옮겼는데, 치사율이 80~90%에 달해 아메리카 원주민 2000만 명 이상이 죽음에 이르렀다. 천연두 바이러스는 기원전 1100년경 사망한 이집트 파라오 람세스 5세의 미라에서 첫 흔적을 찾아볼 수 있는데, 18세기까지 유럽에서 매년 40만여 명이 죽었다. 우리나라에서도 조선시대 후기에 널리 퍼지며 그 위험성 때문에 '마마'라는 호칭으로 불렸다. 이후 백신 등의 개발로 1979년 지구상에서 완전히 사라졌다.

1665~1966년 | 런던 대역병(페스트) : 쥐

1346년 시작된 제2차 페스트 대유행의 일부로, 런던에서 인구의 20%인 10만 명이 죽었다.

1817~1822년 | 콜레라

콜레라는 인도 갠지스 강 유역의 오래된 풍토병이었다. 1817년 교역을 하며 러시아 등지로 퍼지기 시작하여, 5년만에 인도차이나, 남태평양, 중국, 조선까지 전파된다. 이후 전 세계에서 200년 동안 7번의 대유행을 맞는다. 오염된 물이 주 발병 원인으로, 설사와 구토를 동반하며 탈수로 사망에 이를 수 있다. 조선에서 콜레라는 '괴질'이나 '호열자'라 불렸다. 1902년까지 10~20년마다 한 번씩 꾸준히 발병했고 조선시대에는 치사율이 80% 이상을 육박했다. 현재는 치사율이 1%정도.

1918~1920년 | 스페인 독감

20세기에 전 세계에서 가장 크게 유행한 인플루엔자 바이러스. 전 세계에서 2500~5000만 명가량(전 세계 인구의 3~6%)이 목숨을 잃었다. 감기, 폐렴과 증상이 비슷하나 치사율이 높다. 미국에서 발병했지만 당시 제1차 세계대전에 참전하지 않은 스페인 언론이 이 사건을 주요하게 다뤄 스페인 독감이라고 불린다. 당시 한국의 인구 절반인 740만 명이 감염되고 14만 명이 사망했다.

1957~1958년 | 아시아 독감

중국에서 발생해 전 세계적으로 유행한 바이러스로 200만 명이 사망했다.

1981년~ | 에이즈(후천성면역결핍증) : 유인원

인간면역결핍바이러스(HIV)로 인한 증후군을 통칭하는 말이다. 1981년 미국에서 발견되었으나 정확한 유래를 알 수 없다. 침팬지의 SIV 바이러스가 사람에게 전해지는 과정에서 나타났다는 설명이 유력하다. 2018년 HIV로 사망한 사람은 77만 명에 이르며, 지금까지 3000만 명 이상이 사망했다. 현재 예방, 치료법이 많이 발달해 만성 질환으로 여겨지고 있다.

1997~2017년 | 조류독감(조류 인플루엔자) : 조류

조류의 배설물이나 분비물에서 사람에게 전염되는 질병으로, 1997년 홍콩에서 최초로 인간 감염 사례가 나타났다. 독감과 비슷한 증세를 보이지만 폐렴이나 결막염 등 합병증으로 이어지고, 심한 경우 사망에 이른다. 아시아뿐만 아니라 유럽, 아프리카에서도 감염자가 발생했고 전 세계에서 1700명 이상 사망했다. 우리나라에서는 2003년부터 발생해 발병 때마다 가금류 살처분을 하고 있고, 2~3년 마다 한 번씩 유행하고 있다.

1998~1999년 | 니파 바이러스 : 과일박쥐, 돼지

말레이시아에서 퍼진 뇌염의 신종 바이러스로 100여 명이 사망했다. 과일박쥐가 돼지에게 감염시키고 인간에게 전파되었다.

2003~2004년 | 사스(중증급성호흡기증후군) : 박쥐, 사향고양이

2003년 중국에서 처음 발병했다. 박쥐가 사향고양이에게 옮긴 다음 사람에게 감염돼 발병하는데, 대기를 통해 전파되어 30개국에서 8000명 이상 감염되고 800명가량 사망해 치사율이 10%대에 달했다. 코로나바이러스의 일종으로 코로나19 바이러스와 86% 일치한다.

2009~2015년 | 신종플루 : 돼지

멕시코에서 시작해 전 세계 200개국 이상 바이러스가 퍼졌다. 치사율은 낮은 편이지만 전염성이 매우 높다.

2012~2018년 | 메르스(중동호흡기증후군) : 박쥐, 낙타

2012년 사우디아라비아에서 처음 발견되었고, 2015년 우리나라에서도 유행한 바 있다. 고열, 호흡곤란, 급성 신부전 등 증상이 동반된다. 치사율이 40%에 달하지만 전염성이 낮다. 박쥐, 낙타를 매개로 감염된다. 코로나바이러스의 일종이다.

2014~2015년 | 에볼라 바이러스 : 과일박쥐, 유인원

2014년 기니에서 처음 발병한 바이러스로 과일박쥐가 고릴라, 침팬지 등 유인원에게 옮긴 뒤 인간에게 감염된다. 환자는 오한, 두통, 고열에 시달리는데 사망률이 60%에 달했다.

memo

3차시

제임스 휘슬러,
사실주의에서 인상주의로 가는 가교

새카만 밤에는 사물을 식별하기 힘들지.

그러니 밤 풍경을 묘사한 어두침침하고도 모호한 작품을 보고 뭘 느낄까,

싶겠지만 오히려 밤 풍경을 통해 여러 감상을 이끌어낼 수 있어!

교과연계 중등 〈미술1〉 Ⅲ 미술작품과 나누는 이야기, 2. 볼수록 빠져드는 미술

읽을거리 ①

〈검은색과 금색의 녹턴: 떨어지는 불꽃〉,
밤풍경이 전하는 다양한 심상

*그림 밑 QR코드로 접속하시면 그림을 온라인으로 자세히 볼 수 있습니다.

검은색과 금색의 녹턴 : 떨어지는 불꽃

짙은 녹색 바탕 위에 금색 동그라미들이 모래알처럼 자잘하게 그려져 있네. 무엇을 묘사한 그림일까? 별똥별이 내려오는 밤하늘? 아니면 현실엔 존재하지 않는, 어둠 속 황금비가 내리는 풍경? 사실 둘 다 아닌데 어떤 장면을 표현한 건지 알아볼까?

부드러운 밤의 분위기를 담다

이 작품의 배경은 영국 런던의 템즈강 인근에 자리한 크레몬 정원이야. 이 작품이 그려진 19세기 말, 크레몬 정원은 성대하고도 유쾌한 밤 무도회가 열리는 장소로 유명했어. 야외 무대와 풍선 놀이기구가 있었고, 놀러 온 사람들은 음료와 술을 먹고 마시며 만찬을 즐겼어. 화룡점정은 어둠이 정원에 내려앉은 뒤 열리던 불꽃놀이였지. 얼마나 환상적인 공간이었을지 짐작이 가지 않아?

그림을 통해 우리는 템즈강 건너편에서 불꽃놀이가 한창인 크레몬 정원을 바라보게 돼.

작품의 왼편 아래를 보면 유달리 노란색으로 빛나는 부근이 있어. 여기가 바로 밤새도록 사람들이 불을 밝히고 놀던 크레몬 정원이야. 암녹색 바탕은 안개가 낀 밤하늘과 템즈강, 반짝이는 금색 점과 선들은 불꽃놀이에서 뿜어져 나온 빛이고. 또 잘 안 보일 수도 있지만 그림 전면에 유령처럼 흐릿한 형체가 보이니? 이들은 강 건너에서 불꽃놀이를 구경하는 행인이야.

그런데 이렇게 배경 설명을 듣지 않고는 강변에 드문드문 서 있는 사람들과 검푸른 하늘을 가로지르는 불꽃의 정체를 파악하기 힘들어. 특히 사람들은 그냥 얼룩 같아 보이기도 해. 작가가 뭐가 뭔지 구분하기 어렵게 작품을 묘사한 이유는 뭘까?

작품 제목에서 '녹턴(Nocturne)'이라는 글자에 주목해 보자. 녹턴은 라틴어로 밤이라는 뜻의 '녹투르누스(Nocturnus)'에서 유래한 말인데, 18~19세기 서양에서 유행한 피아노 연주곡을 가리키는 용어야. 녹턴의 특징은 조용하고 부드러운 멜로디로, 밤의 분위기와 무척 잘 어울리는 음악 장르라고 평가받아. 그래서 화가는 이 그림에 녹턴이라는 수식어를 붙여 밤의 정취를 표현하고자 했지. 불꽃놀이 장면을 실제처럼 자세히 묘사하기보다는, 깊은 어둠과 빛이 어우러진 밤의 분위기를 전달하는 데 주목한 거야.

보고픈 것을 읽어내는

이 작품에는 색채가 다양하게 쓰이지 않았어. 파랑, 초록, 노랑 세 가지 색으로 화면을

> 제임스 애벗 맥닐 휘슬러(James Abbott McNeill Whistler 1834~1903)
> 미국 출신이지만 주로 영국에서 활동했다. 초기에는 사실주의 작품을 많이 그렸지만, 점차 정확한 형태 묘사보다는 분위기나 아름다움을 구성하는 방법에 관심을 기울이게 되었다. 그는 "만일 나무나 꽃이나 다른 표면만을 그리는 사람이 예술가라면, 예술가들의 왕은 사진작가일 것이다"라고 말했다고 전해진다. 화가란 눈에 보이는 것 이상을 포착해야 하는 사람이라고 생각한 것이다. 그는 오스카 와일드와 인상주의 화가들 등 당대 미술가 및 작가들과 활발히 교류해 서양 예술 세계에 큰 영향을 미쳤다. 형태가 모호한 휘슬러의 그림은 추상화의 시작을 예고했다는 평가를 받는다.

거의 다 채웠지. 세 가지 색이 서로 부드럽게 섞이게 하려고 화가는 아주 묽은 물감을 사용했어. 어찌나 묽었던지 이 물감의 별명은 '소스'였대. 작품을 이젤 위에 세워놓고 그리면 물감이 주르륵 흐를 정도라, 그림을 바닥에 눕혀두고 물기를 말려야 했다네.

이런 독특한 재료 덕에 자칫 밋밋해 보이기 쉬운 그림이 풍부한 색감을 품게 됐어. 색의 종류는 한정적이지만, 물감의 농담이 여러 층위로 깊어져서 감상자들은 점점 어두워지는 밤하늘을 따라가며 암흑에 녹아드는 경험을 하게 되지.

이렇듯 화가는 그림을 보는 사람이 밤 분위기에 푹 젖을 수 있길 원했어. 그래서 색의 흐름을 물 흐르듯 유려하게 표현했을 뿐 아니라 뚜렷한 형체 묘사를 과감히 포기했지. 대신 불꽃의 점과 선 등 세부 구성에 집중했어. 사람도, 불꽃도 명확하게 나타나 있지 않으니 감상자는 오히려 상상력을 극대화해 그림에 몰입할 수 있게 돼. 그래서 이 작품은 추상화의 조상격으로 꼽혀.

낮과 달리 밤에는 자기가 보고픈 대로 세상을 볼 수 있지. 낮에는 또렷하게 보였던 사물들도 밤에는 형체가 섞이고 흐릿해져 식별하기 어려우니까. 그러니 밤 풍경 속 사물들을 바라보고 해석하는 방법은 다양할 수밖에. 이 작품의 불꽃만 해도 어디서부터가 폭죽이고, 어디까지가 별빛인지 명확히 잘라 말할 수 없어. 같은 것을 두고도 저마다 원하는 방향으로 다르게 이해할 수 있는 셈이야.

내 작품을 모욕하다니! 세기의 소송
'검은색과 금색의 녹턴: 떨어지는 불꽃'은 미술사에서 유명한 소송전을 유발한 작품이다. 당대 유명 예술 평론가이자 옥스퍼드 대학 교수였던 존 러스킨은 구체적인 형태 묘사가 없는 이 작품이 엉터리라 생각했고, 그림의 불꽃 묘사를 두고는 "대중의 얼굴에 페인트 통을 날렸다"라고 혹평했다. 당시 러스킨 평론의 파급력은 굉장해서 휘슬러는 곧 기본 소양도 갖추지 못한 화가 취급을 받았다. 이에 휘슬러는 러스킨을 명예훼손으로 고소했다. 둘은 재판장에서 형태가 명확하지 않은 그림이 의의를 지닐 수 있는지 논쟁했고, 결국 휘슬러가 승소하며 작품의 가치를 인정받게 되었다. 그러나 휘슬러에게 지급된 명예훼손 보상금은 막대한 소송 비용을 감당하기엔 너무 적었다. 결국 휘슬러는 재판 후 파산하고 만다. 러스킨은 휘슬러의 승리에 충격을 받고 옥스퍼드 대학 교수직을 사임했다.

그리하여 우리는 이 그림을 보며 제각기 다양한 감상에 젖을 수 있어. 누군가는 폭죽처럼 터지는 불꽃에 주목해 환희를 느낄 테고, 누군가는 이 그림의 별들이 폭죽에 가렸다고 생각해 쓸쓸함에 젖을 수도 있는 거지. 또 다른 누군가는 불빛보단 암흑에 관심을 기울이며 고요한 심상에 빠져들 거야. 어찌 보면 밤의 모습은 오색찬란한 낮보다 훨씬 각양각색인 것 같네.

단순한 초상화에서 벗어나 인상을 전하다

*그림 밑 QR코드로 접속하시면 그림을 온라인으로 자세히 볼 수 있습니다.

제목만 보면 당최 뭘 그린 작품인지 짐작하기 쉽지 않아. '회색과 검은색의 구성'이라니? 그림을 봐야 비로소 '회색과 검은색이 많이 쓰여서 이런 제목이 붙었구나' 싶지만, 그래도 의아해. 작품 중앙의 노부인은 제목과 무슨 상관이 있나 궁금해지거든. 그 이유를 알아볼까?

무채색과 직선적인 묘사로 인물의 성격을 표현하다

노부인의 정체는 바로 화가의 어머니, 안나 휘슬러야. 그녀는 상당히 강인한 인물이었어. 젊은 나이에 남편을 잃었으나 자식 다섯 명을 씩씩하게 홀로 키워냈거든. 특히 첫째 아들인 화가 제임스 휘슬러의 미술 재능을 빨리 알아차려서 프랑스 파리에 유학까지 보내주었지. 화가는 늘 든든한 지원군이 되어주는 데다, 신앙심이 깊어 엄숙한 분위기가 감도는 어머니에게 깊은 인상을 받았던 것 같아.

화가는 이 그림에서 색채와 구성, 선의 형태 등을 적절하게 사용해 어머니의 성격을 묘사하려 했어. 작품을 보면 직선이 유달리 많이 등장해. 벽에 걸린 액자 두 개를 비롯해 일자로 떨어지는 커튼, 하단을 가로지르는 마룻바닥까지 모두 직선으로 구획되거든. 이는 관람객에게 작품 속 노부인이 주위를 잘 정돈하는 꼼꼼한 성격이리란 암시를 주지. 또 방 안에는 화병은 물론이고 별다른 장식물이 없는데, 이 역시 검소하게 종교적 삶에 몰입하는 어머니의 태도를 드러내.

노부인의 검은 드레스는 직선 투성이인 배경과 달리 완만한 곡선을 이루어 우아한 인상을 전하지. 꼿꼿하게 등허리를 펴고 앉은 노부인의 자세는 그녀가 편향적인 사고를 하지 않는 균형감을 지녔음을 나타내고. 의자에 발을 올린 모습 또한 단정한 태도를 묘사하는 한편, 노부인이 무언가 숨기는 것 없이 청렴한 사람이라는 걸 보여줘. 즉 '회색과 검은색의 구성'이란 작품 제목은 그림에 많이

회색과 검은색의 구성

나타난 색을 가리킬 뿐 아니라, 무채색이 주는 느낌처럼 소박하면서도 절제하며 살았던 화가의 어머니를 묘사하는 말이지.

사실적인 초상화에서 벗어나 인상을 전하다

이 작품에서 화가가 뛰어난 미술 기법을 사용했다고 보기는 힘들어. 생생한 입체감을 찾아볼 수 없는 건 물론, 노부인이 입은 검은 드레스는 사실적으로 묘사되기는커녕 검은 덩어리처럼 보일 정도거든. 작품 속 인물을 현실과 똑같이 표현하고, 그림 배경도 세밀하게 묘사하는 걸 좋아했던 당시 사람들이 보기엔 이상한 그림이었던 셈이야.

실제로 화가가 이 그림을 영국 왕립미술원의 전시회에 출품하자 비평가들은 이전과 다른 형식을 취한 '회색과 검은색의 구성'을 예술이 아니라 실패한 실험작으로 여겼어. 왕립미술원은 작품 전시를 계속 거부하다가 마지못해 걸어주었지만, 눈에 띄지 않는 곳에 초라하게 두었을 뿐이었지. 또 작품 제목을 '회색과 검은색: 휘슬러 어머니의 초상화'로 바꿔 달았어. 왕립미술원 측이 보기엔 작품 제목에 명백히 초상화임을 적어놓지 않은 것이 이상

했거든.

　하지만 화가는 이 그림이 단순한 초상화로 여겨지자 화를 냈어. 그는 제목에서 초상화란 말을 빼야 한다며 "대중이 초상화 속 인물의 신원에 대해 무엇을 신경 쓸 수 있으며, 또 신경 써야 하는 이유는 무엇인가? 이 작품의 장점은 편곡에 있다"고 했어. 즉 화가는 인물의 초상을 있는 그대로 화폭에 옮기는 것에는 별다른 관심이 없었어. 관람객들이 작품 속 인물이 누구인지 시시콜콜하게 따지는 것도 원치 않았지. 그보다는 조화롭게 어우러진 색감과 선을 감상하며, 사람들이 해당 작품에서만 느낄 수 있는 예술적 분위기에 풍덩 빠져들면 족하다고 생각했어. 이러한 화가의 태도는 당대 미술계가 사실주의에서 벗어나 인상주의, 그리고 추상주의까지 뻗어가는 데 영향을 미쳤다고 평가받아.

　비록 당시엔 혹평받았지만, 관람객이 그림을 감상하며 저마다 어머니에 대한 상념에 젖어 들길 바랐던 화가의 소망은 이뤄진 모양이야. 많은 관람객이 그림을 보고 어머니에 대한 그리움, 부모의 사랑, 가족의 가치 등을 떠올렸어. 마침내 '어머니의 상징' 자리에 오른 이 작품은 1934년 미국에서 어머니의 날 기념 수표에 찍혀 나온 그림이 되었어!

냉철하게
분석하기

제시글을 읽고, 빈칸에 알맞은 단어를 찾아 넣거나 짧은 문장으로 답하며
내용을 파악해봅시다.

(1) 이 작품이 그려진 19세기 말, 크레몬 정원은 성대하고도 유쾌한 밤 (   )가 열리
는 장소로 유명했다. 암녹색 바탕은 안개가 낀 밤하늘과 (   ), 반짝이는 금색 점
과 선들은 (   )에서 뿜어져 나온 빛을 표현했다.

----

(2) 작품 '검은색과 금색의 녹턴: 떨어지는 불꽃'에서 배경 설명을 듣지 않고는 강변에 드
문드문 서 있는 사람들과 검푸른 하늘을 가로지르는 불꽃의 정체를 파악하기 힘들게
작품을 묘사한 이유는 무엇인가요?

----

(3) 제임스 휘슬러가 작품에 구사한 기술적 특징은 무엇인가요? '소스'라고 물감의 별명
이 붙여진 이유를 참고로 설명해보세요.

----

(4) 다음 〈보기〉의 표현을 통해 작가가 의도한 바가 무엇이었는지 추측해보세요.

> 〈보기〉　색의 종류는 한정적이지만, 물감의 농담이 여러 층위로 깊어지게 표현했다.
> 색의 흐름을 물 흐르듯 유려하게 표현하고, 뚜렷한 형체 묘사를 과감히 포기했다.
> 불꽃 어디서부터가 폭죽이고, 어디까지가 별빛인지 명확히 잘라 말할 수 없다.

- -

- -

(5) 당대 유명 예술 평론가이자 옥스퍼드 대학 교수였던 존 러스킨이 그의 작품을 두고, 혹평을 퍼부은 이유는 무엇인가요?

- -

- -

- -

(6) 휘슬러가 러스킨을 명예훼손으로 고소한 이후, 최종 판결을 통해 그들은 어떤 행보를 걷게 되었나요?

- -

- -

- -

- -

(7) '회색과 검은색의 구성'의 표현적 특징은 무엇인가요?

------

(8) 작가가 '회색과 검은색의 구성'을 통해 드러내고자 한 어머니의 성격은 어떠했나요?

------

(9) 화가가 '회색과 검은색의 구성'을 영국 왕립미술원의 전시회에 출품했을 때, 해당 작품을 실패작으로 여긴 비평가들이 취한 두 가지 행동은 무엇인가요?

------

(10) 당시 혹평을 받았던 '회색과 검은색의 구성'은 최근에 와서 어떤 가치를 부여받았나요?

거침없이
쓰기

도전, 짧은 글쓰기!

제임스 휘슬러의 그림의 특징은 무엇인가요? 그림은 보편적인 형태를 지니고 있어야 할까
요? 사실주의 작품을 많이 그렸던 그였지만, 당대 인상주의 화가들이나 작가로부터 어떤 영
향을 받았으며, 후대에 어떤 영향을 끼쳤는지 간략히 소개하고, 자신의 생각을 밝혀봅시다.

다음 빈칸에 알맞은 말을 〈보기〉에서 찾아 적어봅시다.

보기	성대하다 화룡점정 정취 밋밋하다 농담 환희 심상 의아하다 청렴하다 시시콜콜

(1) 갖가지 관목과 돌이 조화를 이루어 단아한 (　　　　　)를 자아내는 정원이 아름답군요.

(2) 이때 디저트와 함께 즐기는 디저트 와인은 만찬의 (　　　　)에 해당한다.

(3) 동해는 해안선이 단조롭고 (　　　　).

(4) 그의 입영 환송식은 동회 앞마당에서 (　　　　)하게 거행되었다.

(5) 과일을 고를 때는 그 빛깔의 (　　　　)을 살펴보아야 한다.

(6) 금메달을 목에 건 선수들은 (　　　　)에 찬 표정으로 관중들에게 손을 흔들었다.

(7) 이 작품은 시각적 (　　　　)이 뛰어나다.

(8) 나는 그가 혼자 온 사실이 (　　　　)하여 그 이유를 물었다.

(9) 아이는 엄마에게 유치원에서 있었던 일을 (　　　　) 죄다 이야기했다.

(10) 그는 공직자로서 평생 (   )한 삶을 살아왔다.

위에서 익힌 어휘 중 3개를 골라서 한 문장씩 만들어 봅시다.

(1)

(2)

(3)

사실주의와 인상주의
이상향을 떠나 현실을 그리다

이상에서 현실로

르네상스 시대부터 19세기 중반의 서양 미술은 '이상의 재현'을 모토로 삼았다. 아카데미 미술은 수백 년간 얼마나 사실적으로 대상을 묘사했는지에 초점을 맞춰 작품을 평가했다. 이때의 사실적이란 있는 그대로의 현실이 아닌, 이상향을 눈앞에 있는 것처럼 자세히 묘사하면서도 흠잡을 데 없을 만큼 완벽한 아름다움을 표현하는 것이다. 화가들은 원근법, 비례법, 채색법 등 다양한 기법을 동원해 완벽한 이상적 아름다움을 그려내고자 했다. 자연스레 예비화가들에게는 이러한 기법을 익힐 수 있는 아카데미의 미술학교 입학이 매우 중요했고, 미술학교를 우수하게 졸업해 살롱에 전시하는 것이 목표였다. 역사적 위인이나, 종교와 신화의 세계에 나오는, 현실과 거리가 먼 이상적 존재가 그림의 주인공이었다.

이러한 미술사의 흐름은 사회의 변화에 발맞춰 달라진다. 프랑스혁명과 뒤이은 산업혁명, 카메라의 발명 등이 결정적인 영향을 미치게 된다. 사회혁명과 산업혁명으로 귀족 중심의 계급사회가 무너지고 신흥 부르주아 계층이 부상하면서 귀족들이 독점해온 미술 영역도 흔들리게 된다. 완고한 아카데미 미술에 대한 도전이 그것이다. 또한 다양한 계층의

아카데미 미술 : 아카데믹 미술 또는 아카데미시즘, 아카데미즘. 유럽의 미술 학교의 영향을 받아 제작된 회화나 조각의 양식. 특히 프랑스의 왕립 미술 아카데미는 17세기 중반 설립된 이래 왕실과 귀족들의 미술품 주문을 관리하고 살롱에서 전시를 주관하여 절대적인 권위의 미술 기관이었다. 아카데미 회원이 된다는 것은 결국 미술가로서 누릴 수 있는 최고의 권력과 명성을 보장받는 길이었다.

오르낭의 매장

보통 사람들이 미술에 관심을 갖게 됐고, 화가들은 자연히 아카데미의 제약에서 벗어나 다양한 대상을, 더 자유로운 방식으로 그리기 시작했다.

한편 사진기의 발명은 화가들에게 새로운 위협이었고, 그들에게 과제를 던졌다. 현실을 적나라하게 보여주는 사진은 화가들에게도 무엇을 어떻게 그림에 담아내야 하는가에 고민을 하게 만들었다. 숙고 끝에 화가들은 현실에 대한 냉정한 인식과 통찰을 작품 속에 담고자 노력하게 됐다.

사실주의, 현실을 있는 그대로

19세기 후반 사실주의 예술사조가 등장한다. 사실주의 시대를 연 프랑스 화가 귀스타브 쿠르베가 〈오르낭의 매장〉을 1850년 파리 살롱에 발표하자마자 비평가들은 엄청나게 비난했다. 당시 비평가들은, 너무나 평범한 내용을 신화나 역사 속 장면처럼 거대한 캠퍼스에 그린 쿠르베의 작품을 이해할 수 없었다. 그들이 보기에 사실주의 작품은 감상할 이유도, 가치도 없었다. 하지만 쿠르베는 비평가들의 생각에 동의하지 않았다. 허황된 이상향을 그리는 것보다 현실 그대로를 그려 보이는 것이 훨씬 중요하다고 보았다. 그 뒤로 쿠르베는 〈안녕하세요, 쿠르베씨〉〈돌 깨는 사람들〉〈시장에서 돌아오는 플라지의 농부들〉처럼 제목만 봐도 평범한 일상을 화폭에 옮겼다.

인상주의, 눈에 보이는 그대로

뱃놀이

새로움은 시간과 함께 낡은 것이 된다. 사실주의에 반기를 든 일군의 작가들이 등장한다. 바로 인상주의 화가들이다.

사실주의 작가들은 피사체를 있는 그대로 그리면서도 고전적인 회화 표현을 포기하지는 않았다. 고전적 회화 화법은 명암법과 원근법을 이용해 빛과 그림자를 계산하여 현실에 있을 법하게 아주 세밀하면서도 사실적으로 그리는 것이었다. 그러나 인상주의 작가들은 '보이는 그대로'를 그리기 위해 고전 기법을 과감히 던져버린다.

사실주의와 인상주의의 다리 역할을 했던 마네의 〈뱃놀이〉를 보면, 인상주의가 추구하려는 게 무엇인지 알 수 있다. 마네는 그동안 가상의 조명이 있다고 생각하고 계산해 그리던 명암을 과감히 거부하고 눈에 보이는 그대로 표현했다. 여기서 눈에 보이는 그대로란 실제 풍경을 보았을 때, 빛이 쏠리는 부분은 유독 더 하얗게 보이고 눈이 부시면 대상이 평면적으로 인식되기도 하는 현상을 표현하는 것이다. 그래서 마네의 그림은 사실주의 회화와 달리, 사람들이 평면적으로 보인다.

마네의 이런 시도를 이어받아, 모네는 인간의 눈이 인식하는 빛을 그리기 시작했다. 인상주의란 말은 모네의 대표작인 〈인상, 해돋이〉를 본 비평가들이 '인상만 슬쩍 그려놓은 것처럼 보인다'고 남긴 혹평에서 유래된 것이다.

인상주의는 사실주의와 마찬가지로 당시 비평가들로서는 이해할 수 없는 파격적인 작품 세계였다. 하지만 인상주의의 등장은 젊은 화가들에게 더 진보적이고 새로운 그림을 그리도록 하는 동기를 부여했다. 인상주의는 그동안의 어떤 미술 사조보다 급격히 변화하며 다양성을 가지게 됐으며, 고흐, 고갱, 르누아르 등 이름만 들어도 유명한 화가들을 탄생시켰다. 이들의 다양한 새로운 시도들은 이후 입체주의, 야수주의 등 새로운 사조들이 등장하는 데 징검다리 역할을 해주었다.

　사실주의와 인상주의. 서로 지향하는 바는 달랐지만 있는 그대로를 그리려고 했다는 점에서 동일하다. 사실주의는 대상을 '현실에 있는' 그대로 그리려 했고, 인상주의는 '눈에 보이는' 그대로를 그리려 했다는 차이뿐이다. 미묘한 목적의 차이가 큰 형식의 차이를 만들어낸 셈이다.

인상, 해돋이

memo

4차시

빈곤에 대하여

'가난은 나라님도 구제 못한다'는 속담이 있다.

예로부터 빈곤은 나라의 골칫거리 중 하나였고

오늘날에도 여전히 중요한 사회문제다.

빈곤의 특징은 무엇이며 빈곤 해결을 위해

어떤 노력을 기울이고 있는지 살펴보자.

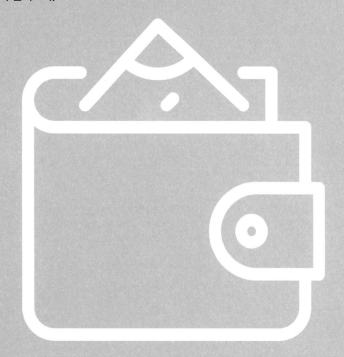

교과연계 중등 〈도덕1〉 Ⅲ 사회, 공동체와의 관계, 1. 인간존중

빈곤에 대하여

01 빈곤을 어떻게 정의할 수 있나?

빈곤의 개념은 다양하지만, 일반적으로 기본적 욕구가 충족되지 않은 상태를 뜻한다. 살림살이가 넉넉하지 못하고 쪼들린다는 뜻의 '가난'과도 비슷한 말이다. 사실 기본적 욕구가 충족되지 않은 상태가 어느 정도인지 판단하는 기준은 지역과 개인에 따라 다를 수 있다. 그래서 빈곤은 여러 차원에서 다양한 유형으로 분류된다. 경제적, 사회적, 심리적 측면에서 분류하기도 하고, 절대적, 상대적, 주관적 빈곤 등 빈곤의 정도로 측정하기도 한다. 절대적 빈곤은 최소한 유지되어야 할 최저생계비를 상정하고 이를 가구 소득이 유지할수 없는 상태를 뜻한다. 반면 상대적 빈곤은 그 사회의 다른 구성원에 비해 소득 수준이 적은 것을 뜻한다. 주관적 빈곤은 정해진 객관적 수준과 비교한 것이 아니라 개인의 주관적욕망에 따라 자신이 가난하다고 느끼는 것이다.

02 빈곤은 왜 문제가 될까?

빈곤은 오늘날에도 여전히 인류가 해결하지 못한 난제 중 하나다. 어느 사회든 빈곤은있었는데, 그 규모와 정도는 나라와 지역마다 다르다. 한편 ㉠빈곤은 개인의 문제에 그치지 않고 가족은 물론 사회문제로 이어진다. 개인의 빈곤은 일반적으로 건강과 교육의 불이익을 수반하고, 사회에 대한 불만을 증폭시키거나, 범죄에 노출되기 쉬운 환경을 만들기 때문이다. 또한 빈곤 가정의 자녀는 성인이 되어서도 빈곤에 빠질 확률이 높아 빈곤이 대물림되는 등 사회 불안과 계층 간의 갈등을 일으키는 원인이 된다. 뿐만 아니라 ⓒ빈곤층의 확산은 사회적으로 양극화가 심화된다는 의미이므로 사회·정치적 갈등을 불러일으키고, 경제성장과 민주주의 발전을 위협할 수 있다. 빈곤의 원인이 어디에 있든, 빈곤은 개인의 문제를 넘어 사회 전반에 막대한 영향을 미친다.

03 현대사회에서 빈곤이 줄어들고 있을까?

현대사회는 과거와 비교했을 때 놀라울 정도로 물질적 자원이 풍부해 보인다. 그런데도 빈곤은 여전히 큰 사회 문제이고, 어떤 의미에서는 과거보다 더 심각한 문제를 일으키기도 한다. 특히 절대빈곤은 감소했지만 상대적 빈곤이 늘어나는 추세이며, 빈부격차가 점점 심화돼 '부의 불평등'이 세계적인 문제가 되고 있는 상황이다.

파리 경제대 교수 토마 피케티는 '21세기 자본'을 통해 자본의 수익률이 경제성장률보다 크고, 그 결과 시간이 지날수록 자본을 가진 계층과 노동에 의존하는 계층 사이의 빈부 격차가 벌어지는, 부의 불평등이 심화된다고 주장한다. 미국의 경우 10여 년 전까지만 해도 최상위층이 경제 성장과 일자리 창출에 투자하면 위에 있던 부가 일반 국민 모두에게 이익으로 돌아온다고 여겼었다. 하지만 최근의 여러 수치들을 보면, 어떤 부도 더 이상 아래로 흐르지 않음을 보여준다.

미국 격월간지 〈머더존스〉에 따르면 "지난 30년 동안 미국이 이룬 경제 성장의 과실 대부분을 가구당 연평균 2700만 달러(약 300억 원)를 벌어들이는 소득수준 상위 0.01%가 차지"했으며, "소득수준 상위 1%가 연평균 101만 9089달러의 수입을 올리는 반면, 하위 90%의 평균소득은 2만 9840달러에 그치는 게 현실"이라고 지적했다. 피케티는 불평등 심화에 따른 문제를 해결하기 위해서는 누진세, 국제적 부유세 도입 등 특단의 정책적 개입이 필요하다고 주장한다.

04 우리 사회, 부의 불평등 심화

2008년 금융위기 이후 우리나라도 불평등이 심화되고 있다. ©김낙년 동국대 교수의 논문 '한국에서의 부와 상속'에 따르면 2000년대 들어서면서 부동산과 금융자산을 포함한 자산의 불평등이 심화된 것으로 나타났다. 2008년 금융위기 이후 취업난이 극심해지고 임금인상은 더딘 데 반해 부자들의 자산이 빠른 속도로 불어났기 때문이다. 이 논문에 따르면, 2010~2013년 상위 1%가 보유한 자산 비중은 전체의 25.9%였고, 상위 10%의 자산 비중은 66%로 전체 자산의 절반이 넘은 데 반해 하위 50%의 자산 비중은 2%에 불과하다.

중앙대 신광영 교수는 한 매체 인터뷰에서 우리 사회의 불평등 정도가 사회 해체 수준에 있다며, 한국 사회의 불평등이 심화되는 속도는 세계에서 유례를 찾기 힘들 정도로 빠르며, 언제 터질지 모르는 시한폭탄과 같다고 말했다. 그는 부의 불평등이 심화되면 빈곤, 범죄, 자살 등 사회 불안요인이 늘게 되고, 저소득층과 중산층 소비가 줄어 내수경제도 위축될 수밖에 없다고 주장했다.

05 빈곤 해결을 위한 복지정책

현대사회에서는 빈곤 문제를 해결하기 위해 다양한 복지정책을 시행하고 있다. 우리나라는 대표적인 빈곤대책으로 ②국민기초생활보장제도를 시행하는 중이다. 생계보호, 의료보호, 자활보호, 교육보호 등 생활보호대상자는 필요에 따라 국가의 지원을 받는다. 하지만 생활보호대상자들 중에서 근로능력이 있는 대상자에게는 생계비 지원을 하지 않고 자활에 필요한 생업자금을 대여해 주고, 직업훈련이 가능한 사람에게는 직업훈련기관에 위탁하여 직업훈련을 받을 수 있게 하는 등 간접적인 지원을 하고 있다.

이밖에 의무교육, 국민의료보험, 직업교육 프로그램이나 취업지원센터 등도 빈곤 탈출에 도움을 주는 정책들이다. 하지만 복지제도가 빈곤층의 자활의지를 떨어뜨려 빈곤 탈출에 오히려 장애가 된다는 주장도 적지 않아, 복지의 규모와 범위에 대해선 이견이 많다.

빈곤 해소, 기본소득으로?

기본소득이란 무엇인가

기본소득(Basic Income)은, 일을 하든 하지 않든, 재산이 많든 적든, 연령과 무관하게 개인 모두에게 일정한 금액을 정기적으로 지급하는 것을 말한다. 물론 기본소득을 받기 위한 아무런 조건도 없다. 기본소득은, 인간이 최소한의 자존감을 유지하면서 자기가 꼭 하고 싶은 것을 할 수 있게 만들어주어야 한다는 철학을 바탕으로 한다.

기본소득지구네트워크(BIEN)에서 정리한 정의는 다음과 같다.

기본소득은 어떠한 자산조사도 하지 않고 근로 여부와도 관계없이 무조건 개인 모두에게 지급되는 소득을 말한다. 이는 최저소득보장제도의 한 형태이기는 하나, 현재 유럽 국가들에서 시행하는 제도와는 크게 세 가지 점에서 다르다.

① 가계 단위가 아닌 개인 단위로 지급되고

② 다른 소득의 유무와 무관하게 지급되며

③ 노동을 할 의지 및 현재 노동 여부와 관계없이 지급된다.

즉, 사회 구성원 모두에게 지급하는 소득이다.

이런 정의를 기준으로 보면 현재 세계 곳곳에서 진행 중인 기본소득 실험들은 본래 정의와 정확하게 맞아떨어지지 않는다. 핀란드의 경우만 해도 실업자를 대상으로 무작위로 선정해서 기본소득 실험을 하고 있는 상황이다. 한편 기본소득과 실업수당은 그 성격이 전혀 다르다. 실업급여와 실업수당은 노동을 통해 돈을 벌지 못하는 개인에게 국가가 지급하는 것으로 돈을 버는 즉시 지원이 중단되지만 기본소득은 유급 근로활동을 해도 이와 무관하게 지급하기 때문이다.

상상해보자. 드라마에 나오는 재벌 같은 어마어마한 부자도, 한 끼 밥이 축복인 극빈층도, 월급생활자도, 백수도, 노인도, 아이도, 아무 조건 없이 국가에서 매월 50만원씩, 혹은 70만원씩 평생 월급이 나온다면 어떤 일들이 가능할까? 그것도 가구당 지급되는 게 아니라 개인마다 지급되고, 국가로부터 월급(?)을 받기 위해 창구에서 자신의 궁색한 가난을 일일이 증명하지 않아도 된다면.

기본소득이 주어졌을 때 나와 우리의 삶이 어떻게 변화할지 다음의 사례를 보고 다양한 측면에서 생각해보면 재미있을 것 같다.

'기본소득, 월 135만원 받으실래요?'

2016년 9월, 〈한겨레21〉은 카카오스토리 펀딩을 통해 '기본소득' 프로젝트를 수행했다. 1000원 이상 후원하면 기본소득을 받을 수 있는 기회가 주어진다. 1000만원 이상 모금 되었을 때 1차 지급 대상자를 선정한다. 지급 대상자에게는 후원금을 토대로 6개월 간 월 135만 원을 준다. 결과는 성공적이었다.

첫 번째 주인공은 경기도 수원의 임지은 씨. 대학원을 다니며 조교로 활동하는 임 씨는 월 50만 원의 소득과 20만 원의 용돈으로 생계를 유지하고 있었다. 기본소득 주인공이 되기 전 130만 원의 카드빚에 쫓기며 편의점 도시락을 애용해 온 임지은 씨는 자기 자신을 '등골 브레이커'라고 불렀다. 자조적인 목소리였다.

6개월간의 프로젝트로 임지은 씨의 삶은 많이 변했다. 월 70만원으로 생계를 유지하는 대학원생에게 과일이나 고기는 사치였다. 친구와의 만남도 없었다. 여가, 취미를 위해 사용할 돈도 없었다. 기본소득 135만원을 받으며 교제비가 0원에서 18만원으로, 교육비가 0원에서 30만원으로, 오락비가 5만원에서 20만원으로 늘었다. 공과금, 난방비를 못 내는 상황도, 식비가 없어서 끼니를 거르는 경우도 없어졌다. 삶을 대하는 태도도 달라졌다. 임지은 씨의 삶에 '여유'가 생겼다. 대한민국이 살만한 나라라고 생각하기 시작했고, 건강,

여가 상황에 대한 만족도도 높아졌다. 실패해도 다시 일어설 수 있다는 믿음이 생겼다.

2016년 12월에 시작된 프로젝트는 2017년 5월에 끝났다. 그러나 임 씨는 기본소득을 받지 못하더라도 이전과 다른 삶을 살 것이라고 말했다. 소비 습관 자체가 변했다. 편의점 음식을 먹는 일이 줄었고, 돈이 없어도 친구를 만날 수 있다는 것을 깨달았다.

무엇보다 임 씨는 기본소득을 모든 국민에게 적용하자는 의견에 적극 공감하게 됐다. 이전에는 자신이 세금을 안 내고 꼭 필요한 사람에게만 복지 혜택이 돌아가면 된다고 생각했다. 프로젝트 이후에는 세금을 더 많이 내더라도 기본소득 제도를 도입해야 한다는 쪽으로 생각이 바뀌었다.

2017년 현재 하루 8시간, 1주일에 40시간 일하는 풀타임 근로자의 최저임금이 월 135만 원이다. 매일 풀타임으로 일하는 근로자의 한 달 몸값이다. 최저임금을 받는 풀타임 근로자는 135만 원짜리 인간이다.

한 번 생각해봤다. '만약 나에게 월 135만 원이 생긴다면?' 미뤘던 저축도 시작하고, 필라테스와 노래학원도 다닐 수 있다. 이번 겨울 유행몰이를 하고 있는 롱패딩도 하나 장만해야지. 아침 대용으로 바나나와 귤 대신 아보카도와 패션후르츠를 사먹고, 비싸서 잘 가지 못하는 영화관도 매주 갈 수 있겠다. 끝없이 상상하다 주변 사람들 생각이 났다.

대학생 P는 서울의 가장 가난한 동네 출신이다. 학교를 다니며 과외와 알바를 병행하고, 장학금을 놓치면 학교를 다닐 수 없어서 하루 4시간 이상 자본 적이 없다. 1학년 1학기 때 창문 없는 고시원에 살던 그는 4학년이 되자 보증금을 모아 학교 뒷산자락의 작은 방에 들어갔다. 꾸미는 데 별 관심이 없다고 말했던 P는 1학년 때 입던 옷을 졸업할 때까지 입었다. 얼마 전 중소기업에 취업한 P는 오랜만에 새 코트를 하나 마련했다.

또 다른 대학생 K는 압구정 고급 아파트에 산다. 옷도 가방도 명품이고 호텔에서 자주 식사한다. K는 미래에 대한 걱정이 별로 없다. 운동을 좋아하는 K에게 할머니가 스포츠센터를 차려주겠다고 했다. K는 하고 싶은 일이 있어 공부를 하지만 실패할 것이 두렵지 않다고 말했다.

하루 네 시간을 자며 월 100만원을 버는 P와 용돈으로 200만원을 받는 K. 만약 이들에게 매달 135만원의 기본소득이 주어졌다면 어땠을지 생각해봤다. P가 K처럼 호텔에서 밥을 먹거나 명품 가방을 사지는 못해도, 하루 4시간이 아니라 7시간을 자면서 공부에 전념할 수 있지 않았을까. 얇은 겨울 코트로 5년을 나지 않고 따뜻한 패딩 하나쯤 살 수 있지 않았을까.

〈한겨레21〉의 프로젝트 기사를 읽으며 이런 확신이 생겼다. 기본소득은 사람을 나태하게 만들지 않는다고. 기본소득은 빚지지 않고 살 수 있는 삶, 가끔 친구를 만날 수 있는 삶, 생존을 위해 12시간을 일하지 않아도 원하는 공부를 할 수 있는 삶을 살게 하는 거라고. 그러니까 135만원은 사치나 게으름, 나태함이 아니라 여유와 행복, 신뢰와 연대를 준다고. '기본소득은 기본권이다'라는 말에 대해 어떻게 생각하는가?

냉철하게
분석하기

<u>제시글을 읽고, 빈칸에 알맞은 단어를 찾아 넣거나 짧은 문장으로 답하며
내용에 파악해봅시다.</u>

(1) 빈곤의 개념은 다양하지만, 일반적으로 (   )가 충족되지 않은 상태를 뜻하
며, (   )가 충족되지 않은 상태가 어느 정도인지 판단하는 기준은 지역과 개인에
따라 다를 수 있다. (공통의 단어를 찾아보세요)

----

(2) (   ) 빈곤은 전체 소득이 신체적 효율성을 유지하는 데 필요한 최저수준을 확보
하지 못해 생존에 위협을 받는 상태를 뜻하고, 반면 (   ) 빈곤은 그 사회의 소득
수준에 비해 상대적으로 낮은 소득 수준을 의미한다.

----

(3) ㉠의 이유는 무엇인가요?

----

(4) ⓛ이 민주주의 발전에 위협 요인이 될 수 있는 이유는 무엇인가요?

- -

- -

- -

- -

(5) 현대사회의 빈곤은 어떤 양상을 띠고 있는지 다음 〈보기〉의 빈칸을 채우며 내용을
정리해보세요.

〈보기〉 현대사회에서도 빈곤은 여전히 큰 문제이며 어떤 의미에서는 과거보다 더욱 심각한 문제를
야기하기도 한다. (   )빈곤은 감소했을지 몰라도 (   )적 빈곤은 늘어나는 추세
이며 (   ) 또한 점차 심화되고 있다.

- -

- -

(6) 빈칸에 들어갈 알맞은 단어를 찾아서 적어보세요.

피케티 교수는 '21세기 자본'의 특징을 시간이 지날수록 (   )을 가진 계층과 (   )에 의존
하는 계층 사이의 빈부격차가 벌어지는 (   )의 불평등이 심화되는 것으로 보았다.

- -

- -

- -

(7) ©의 이유는 무엇이라고 지적하고 있나요?

(8) 우리나라에서 빈곤 문제를 해결하기 위해 시행하고 있는 복지정책은 무엇인가요?

(9) @국민기초생활보장제도가 근로능력이 있는 대상자에게는 어떤 형식으로 적용되고
있나요?

(10) 지금의 복지제도가 가지고 있는 한계는 무엇이라고 지적할 수 있을까요?

----

(11) 빈곤을 해소할 수 있는 방안으로 '기본소득제도'가 가진 의미는 무엇인가요?

----

(12) 기본소득과 실업수당의 차이를 다음 빈칸을 채우며, 내용을 정리해보세요.

> 실업급여와 실업수당은 (   )을 통해 돈을 벌지 못하는 개인에게 국가가 지급하는 것으로 돈을
> 버는 즉시 지원이 중단되지만 (   )은 유급 근로활동과 무관하게 주어지는 것이기 때문이다.

도전, 짧은 글쓰기!

빈곤의 기본개념과 우리나라의 빈곤층이 가진 특징을 정리하고, 이를 극복하기 위해 시행하고 있는 복지정책에 대해 설명해봅시다. 나아가 기본소득제도는 빈곤 해소에 어떤 역할을 하게 될지 여러분의 의견을 제시해봅시다.

다음 빈칸에 알맞은 말을 〈보기〉에서 찾아 적어봅시다.

| 보기 |

| 유형 | 효율성 | 직결 | 양극화 | 수반하다 | 증폭 | 막대하다 |
| 자활 | 이견 | 부합하다 | 무작위 |

(1) 우리 학년은 한 학급의 인원이 너무 많아서 수업의 (   )이 무척 떨어진다.

(2) 환경 문제는 인간의 생존과 (   )된다.

(3) 소설 속의 인물들은 대개 몇 가지 (   )으로 구분할 수 있다.

(4) 겨울 등반은 많은 위험을 (   ).

(5) 기후 이상 현상은 환경에 대한 우려를 (   ) 시키고 있다.

(6) 정부는 빈부 격차가 (   )하는 것을 막을 정책을 준비하였다.

(7) 그녀는 부모에게 근심을 끼치지 않고 독립적으로 (   )해 가겠다는 의욕이 매우 왕성했다.

(8) 싫든 좋든 그녀가 우리 시대 최고의 작가라는 사실에는 (   )의 여지가 없을 것이다.

(9) 이번 폭우로 인하여 인적, 물적 손실이 (   ).

(10) 국민 투표는 민주 정치의 근본이념과 (   )하는 제도이다.

(11) 선생님은 반장 선거 후보를 (   )로 지명하였다.

<u>위에서 익힌 어휘 중 3개를 골라서 한 문장씩 만들어 봅시다.</u>

(1)

(2)

(3)

상식은
나의 힘

● 핀란드, 유럽 최초로 기본소득 실험 시작~?

기본소득에 대한 가장 큰 고민은 기본소득을 받아도 사람들이 일을 할까, 하는 염려야. 핀란드 정부는 기본소득이 노동시장에 어떤 영향을 미칠까 알아보기 위해 유럽 최초로 기본소득제 실험을 시작했어. 핀란드 사회복지국(KELA)의 이번 실험은 누구에게나는 아니고, 25~58세 사이의 실업수당을 받는 사람들 가운데 무작위로 2000명을 선정, 2년 동안 매달 560유로(약 71만 원)를 무조건 지급하고 있어. (2017년 1월부터 2018년 12월 31일까지)

캉가스 담당관은 "기본소득제가 사람들의 행동을 어떻게 바꾸는지, 수급자들이 다양한 종류의 일자리를 과감히 경험해보게 될지, 아니면 일부 비판자들이 말하는 것처럼 아무 일도 하지 않아도 소득이 생긴다는 것을 알고 더 게을러질지 관찰하는 건 매우 흥미로울 것"이라고 말했어.

두 자녀를 둔 루수넨은 기본소득 지급이 기업가 정신을 가진 이들에게 큰 변화를 줄 것이라며 "이전까지는 실업자가 창업을 할 경우 최근 6개월 동안 아무런 수입이 없었어도 실업수당을 받지 못하게 됩니다. 저축해 놓은 돈이 없으면 창업은 불가능했죠."라며, 기본소득이 실업자들의 새 출발을 격려한다는 내용의 말을 전했다.

한겨레, '핀란드 기본소득 실험 2개월, 어떤 변화' 중

● 네덜란드, 매월 960유로(약 126만원) 지급

2017년 네덜란드 위트레흐트시의 주민 250명이 정부의 기본소득 실험에 참여하게 됐어. 대상은 복지 수급 대상자 중에서 선정해서 2년 동안 매월 960유로(약 126만원)의 정액급여를 받게 돼. 네덜란드의 복지제도가 재정 낭비가 심한데도 수급자에게 충분한 도움이 되지 못하고 있고, 그래서 기본소득제가 좋은 방법이 되길 기대하고 있지.

이번 실험은, 아무 근로 의무 없이 매월 기본소득을 받는 그룹, 자원봉사 활동 참여 시

월말에 기본소득에 150유로를 추가로 받는 그룹 등 여섯 그룹으로 나누어 진행해. 네덜란드는 각 그룹을 대상으로 연구한 결과를 바탕으로 적절한 노동복지 모델을 찾을 계획이라고 해.

● 케냐, 미국의 자선단체가 케냐에서 기본소득 실험

2016년 10월. 자선단체 기브다이렉틀리(GD)가 케냐의 한 마을에서 새로운 프로젝트를 시작했어. GD는 독특한 자선단체야. 보통 자선단체들이 의료품, 식품 등 현물로 지원을 하는데 GD는 현금을 지급해. 이 단체는 케냐의 한 마을 주민 전원(220명 가량)에게 매달 약 23달러(약 2만 6000원)를 아무 조건 없이 현금을 주었어. 이 돈은 케냐의 농촌지역 평균소득의 절반 정도에 해당해.

이 실험은 일종의 파일럿 테스트고, 이르면 올해 말부터 대상을 200곳으로 확대한다고. 12년 동안 전체 예산 약 413억 원(3700만 달러)이 들어가는 어마어마한 실험이야.

GD는 결과가 좋으면 전 세계 기본소득 토론자와 정책 입안자들에게 근거 자료를 제공, 빈곤 문제의 해법으로 기본소득을 채택하도록 도울 수 있을 것으로 전망하고 있어.

● 우간다, 에잇의 우간다 프로젝트

자선단체 에잇(Eight)은 벨기에에 기반을 둔 자선단체. 에잇이 2017년 1월 우간다의 부시비(Busibi)라는 마을에서 아무런 조건 없이 현금을 지급하기 시작했어. 어른 26명, 어린이 88명을 포함한 모든 주민에게 매달 어른은 매달 18.25달러(약 2만 3000원)를 주고 어린이는 이 금액의 절반을 지급해. 이 돈은 우간다 저소득 가구 평균소득의 약 30퍼센트라고 해. 이 실험은 2018년 말까지 시행된다고.

에잇은 벨기에 겐트대 인류학자들과 연구 활동을 함께 하고 있어. 이들은 여자아이의 학업 성취, 의료 이용, 기업가 정신 및 경제 발전, 민주 제도 참여 등의 분야에 주목해서 관찰하는 중이야. 연구자들은 실험 전과 후를 비교 연구할 예정.

● 캐나다 온타리오 주, 기본소득 파일럿 연구

2017년 캐나다 온타리오 주정부는 3년짜리 기본소득 파일럿 연구를 시작했어. 해밀턴, 린지, 선데데이 3개 도시에서 실시됐어. 실험 대상자는 4000명 이상으로, 세 도시에서 1년 이상 살고 있는 18~64세의 저소득층 성인들 가운데서 무작위 추첨으로 선정했어. 참가는 자발적으로 하고, 연구 기간 중 언제라도 실험을 그만둘 수 있다고.

이들은 다른 소득이 없으면, 1년에 1인당 1만 6989캐나다달러(약 1410만 원), 커플인 경우에는 2만 4027캐나다달러(약 1995만 원)를 받게 돼. 다른 소득이 있다면, 받는 금액은 벌어들이는 추가소득의 50%만큼 줄어들고, 장애가 있는 경우 매달 최고 500캐나다달러까지 추가로 받게 돼. 노동이나 구직 여부와 무관하게 지급되고. 온타리오 정부는 이 실험을 통해 다양한 결과를 측정해 그 결과를 일반인에게 발표할 예정이래.

● 미국 알래스카주, 진정한 의미의 기본소득

미국 알래스카주의 기본소득은 가장 자주 언급되는 사례야. 알래스카는 1976년 주민투표를 거쳐서 석유 등의 천연자원 수출로 조성된 금액 중에서 일부를 알래스카 영구 기금에 적립하기로 했어. 그리고 1982년부터 이 기금 운영의 수익을 모든 주민에게 일정액씩 지급했지. 적을 때는 1인당 연간 300달러, 많을 때는 2072달러(2015년 기준)의 기본소득을.

처음 이 계획을 세울 때 주지사였던 제이 해먼드는 거주 조건에 해당되는 모든 사람들에게 거주한 햇수에 비례해서 배당금을 매년 지급하려고 했는데, 미국 연방법원이 이 제안이 수정 헌법 114조(주의 토지 관할 내에 있는 어떤 사람이든 동등한 법의 보호를 받아야 한다) 평등보호 조항에 위배된다는 판결을 받았어. 다른 주에서 이주해온 사람에 대한 차별이라는 거지. 이후 알래스카 주 기본소득은 수정됐고, 1982년 처음으로 실시됐어. 이것이 진정한 기본소득이야. 다만 석유가 풍부하다는 특수성이 기본소득 도입의 배경이 되었다는 현실도 감안해야겠지.

● 스위스, 기본소득 도입 국민투표 부결

기본소득과 관련해 스위스의 움직임은 꽤 오래됐어. 이미 2006년 기본소득시민운동이라는 단체를 중심으로 기본소득 운동이 본격적으로 시작됐어. 2008년에는 '기본소득, 하나의 문화충격'이라는 영화가 100만 명 이상의 관객을 불러 모았지. 2013년 기본소득을 요구하는 13만 명의 서명을 받아 헌법개정안을 발의했어.

2016년 드디어 전 국민에게 매달 300만 원 가량의 생활비를 지급하는 기본소득안이 국민투표에 부쳐졌고, 결국 77퍼센트의 반대로 부결됐지. 증세도 문제지만 기존 복지제도 축소, 이민자 대량 유입 등의 부작용에 대한 우려의 벽을 넘지 못한 거야. 국민투표는 부결됐지만 이를 기점으로 기본소득에 대한 격렬한 찬반 논쟁이 있었고, 덕분에 국민들에게 기본소득 도입에 대한 고민을 던져주었지. 또한 기본소득 도입을 위해 우리가 검토해야 할 문제들이 무엇인지 구체적으로 고민하게 해주는 계기가 됐어.

〈구해줘, 글쓰기〉, 어떻게 사용하나요?

학생들은…
STEP1 '야무지게 읽기'에 실린 4개의 제시문을 읽습니다.
STEP2 '냉정하게 분석하기'의 질문에 답합니다.
제시문 내용을 확인하는 질문입니다.
답을 하다 보면 정확한 독해 능력이 길러질 거예요.
STEP3 '거침없이 쓰기'에서 짧은 글쓰기를 해봅니다.
위에서 써 본 답을 토대로 하면 500자 글쓰기를 술술~~

선생님 • 학부모는…
▶ www.ezpen.co.kr에서 답안지를 다운받을 수 있습니다.
   (상단 메뉴 '커뮤니티-글쓰기 가이드', 비밀번호 : ezpen_academy05)
▶ 글쓰기 실력 향상을 위해 www.ezpen.co.kr에서 첨삭 서비스를 받아보세요!
   (홈페이지 회원 가입시 첨삭 1회권 50% 할인)

문의 02-558-1844, 02-322-1848 / ezpen.co.kr@gmail.com

공부방, 학원, 학교 동아리에서 〈구해줘, 글쓰기〉로
글쓰기 수업을 하고자 하는 선생님들은 문의 바랍니다.
단체의 경우 수업지도안을 제공합니다.

문의 02 558 1844 / 02 322 1848